In Nomine Draconis

- Una Guía Auto-Iniciática a los Misterios Draconianos-

Daemon Barzai

© Black Tower Publishing
2019

In Nomine Draconis: Una Guía Auto-Iniciática a los Misterios Draconianos

Primera Edición

Diseño y Maquetación: Black Tower Publishing

Website: www.blacktowerpublishing.com

Contacto: blacktowerpublishing@gmail.com

Cover: Daemon Barzai

Portfolio: http://daemon-barzai.artworkfolio.com/

Black Tower Publishing © 2019

ISBN: 9781794364004
Imprint: Independently published

Índice

Invocación

La Auto-Iniciación

Ilustraciones

Introducción

 n el ocultismo moderno hay un sin fin de guías, manuales y libros que nos explican paso a paso como un neófito puede comenzar con su trabajo iniciático dentro de la magia. No obstante, no ha sucedido lo mismo con el Sendero Draconiano, salvando algunas pocas excepciones que se han publicado en los últimos tiempos. Como en todos los libros y artículos que he publicado hasta el momento, voy a hablar desde mi experiencia, de lo que me ha servido a mí y a otros que han probado todo esto que expondré y trataré de ser lo más original posible en todo. Para aquellos que no conocen mi trabajo, hace años que llevo un blog sobre la Magia Draconiana en español, nació hace tiempo ya con la intención de expandir y dar a conocer el sendero entre las personas de habla hispana. Los artículos allí publicados, no tenían un orden especificó, sino más bien iba escribiendo y compartiendo rituales, experiencias y ensayos sobre diferentes aspectos relacionados tanto a la Filosofía de la Mano Izquierda como también del Sendero Draconiano. No demoré demasiado en hacerme conocido entre las personas de habla hispana y durante todos estos años, he recibido infinidad de mails y comentarios de muchos haciendo la misma pregunta: ¿cómo comenzar con el sendero? ¿cómo me inició? ¿es posible que me enseñes? preguntas de este tipo, son las que impulsaron a escribir una pequeña guía que está disponible de modo gratuito en mi blog, y que sin bien respondían las preguntas básicas sobre el sendero, no era suficiente como para que una persona que comienza de cero tenga todo lo que tiene que tener. No voy a decir que el siguiente libro si tenga todas las respuestas a todas las preguntas, ni siquiera podría decir que este será el único libro que vas a necesitar para transitar el Sendero del Dragón, no claro que no, esto sería un absurdo total.

Sin embargo, voy a tratar de cubrir la mayor cantidad de temas posibles con la intención y el deseo que sea lo suficientemente completo como para convertirse en una guía solida para aquellos que quieran hacer un proceso solitario y auto-iniciático en el Sendero Draconiano y sus misterios.

Como este sendero no tiene dogma alguno, no hay un acercamiento al mismo de modo correcto o incorrecto, es más cada Adepto tiene o debería tener su propia visión y forma de hacer las cosas. Mi deseo, y es con la intención con la que escribo este libro, es que sirva a modo de inspiración para que ustedes puedan crear su propia relación, única, intima y personal con la Magia Draconiana. Por lo tanto, no teman en modificar o disentir en cualquier cosa que pueda poner acá, la idea es que esto sirva como un punto de partida pero no que sea un biblia rígida con leyes y dogmas que no se puedan quebrar.

El libro está dividido en dos partes, la primera es teoría y cubre los aspectos que considero que son de mayor relevancia para entender de qué va todo esto, aquí podremos ver en profundidad todos aquellas cosas de las que muchas veces no se hablan o que si se lo hace, muchas veces es poco claro o confunde más de lo que se aclara. La segunda parte del libro, será puramente práctica, y está pensando como un entrenamiento sistemático para que ir haciendo de modo gradual. Al igual que con cualquier otra practica mágica, esto nos permitirá ir aumentando nuestras capacidades psíquico-espirituales y estar más receptivos a las energías del Dragón Primigenio, como también estar a la altura de las circunstancias cuando realicemos el ritual de Auto-Iniciación en la Corriente Draconiana.

¡Que el Fuego del Dragón Ilumine sus Senderos!
¡Ho Drakon Ho Megas!
Daemon Barzai.
Septiembre del 2015.

El Sendero Draconiano

ay grandes especulaciones sobre los orígenes reales del Sendero Draconiano como lo conocemos hoy en día, muchos de los cuales nos cuentan que el Sendero Draconiano tiene bases en las antiguas civilizaciones: Mesopotámicas, Egipcias, Escandinavas, etc. Pero en realidad esto no es del todo cierto, es verdad que el Dragón y la Serpiente son figuras emblemáticas de todas estas culturas, pero no hay un registro real o histórico que diga que en todas estas civilizaciones se le rendía algún tipo de culto al Dragón, si aparecen como figuras mitológicas, dioses o divinidades, muchas veces temidas o mal comprendidas años venideros. Sin embargo, sería incorrecto decir que hay una línea ininterrumpida de un culto draconiano que llegue hasta nuestra modernidad. En la realidad, el sendero draconiano como lo conocemos hoy en día, es un "invento" de nuestra era mágica moderna, que toma muchas veces elementos de los escritos de Kenneth Grant, y que se lo mezcla con otras prácticas propias del Sendero Izquierdo. Es un eclecticismo mágico, inspirado en el rol de la Serpiente y el Dragón tanto como Adversarios, como así también liberadores espirituales que nos permiten el progreso personal hacía la auto-deificación de la conciencia. Todo esto, ha sido reforzado con otros elementos, tales como el Tantra de Oriente, la Psicología de Jung y su idea del Inconsciente Colectivo, los Arquetipos, e interpretaciones sobre la Cábala Oscura o Qliphotica. Como también toma elementos del paganismo antiguo, la filosofía clásica, la brujería tradicional, los grimorios medievales, los mitos y las leyendas de diferentes culturas e incluso de la narrativa fantástica.

Siguiendo esta idea, es posible que dos magos draconiano tengan visiones diferentes del proceder ritual para determinadas cosas o inclusive que estén trabajando en proyectos muy dispares el uno y el otro. Con esto, lo que quiero expresar es que el sendero es absolutamente elástico y que no hay espacio para verdades absolutas. Sin embargo, esto no quiere decir que sea un vale todo y que cualquier cosa que hagamos en el nombre del dragón esté bien. Hay una filosofía y un cuerpo de creencias detrás que respaldan el sendero y con el que se supone que debemos de estar de acuerdo y sentirnos a gusto para trabajar en el mismo. De otro modo, no estaremos trabajando con el sendero como una vía iniciática, sino más bien estaríamos tomando conceptos o ideas que si le son propios pero estaríamos haciendo otra cosa.

El Sendero Draconiano no es Satanista ni Luciferista, no es una religión ni un culto, como tampoco tiene detrás una idea nihilista del ser o se acerca a las filosofías anti-cósmicas por la lucha contra el demiurgo. Todas estas ideas, conceptos o credos, son parte de otras escuelas mágico/iniciáticas, que trabajan con elementos afines al sendero y por regla general están respaldas por la Filosofía de la Mano Izquierda, pero como digo son otra cosa. Me parece importante dejar bien clara esta idea, ya que es lo que más confusión produce y suele dar lugar a malos entendidos o a ideas poco claras. Con esto no estoy diciendo que un sendero sea mejor que otro o que una escuela tenga mayor razón que la otra, son simplemente puntos de vista diferentes, experiencias personales diferentes, que algunos puntos se puede llegar a coincidir y en otros no.

Esta senda mágica/iniciática, busca la perfección del yo, de la conciencia y del espíritu y lo hace a través de diferentes procesos individuales o colectivos, en algunos casos, por medio de rituales, meditaciones, proyecciones astrales, etc. El mago draconiano, vive su vida conforme al sendero que eligió y comprende que el universo es mucho más amplio y vasto que lo dice la ciencia moderna. No se limita a aceptar como verdad esto, y a través de su propia experiencia, avanza y progresa construyendo así su universo personal.

El sendero observa que el universo es un equilibrio entre luz y oscuridad, dos elemento que a priori pueden parecer abstractos, pero que el uno sin el otro no puede existir, dos caras de una misma moneda.

La oscuridad está tanto dentro como fuera del hombre; dentro del hombre sería su mente inconsciente, aquello que no ve, que no sabe, sus demonios internos, su sombra. Pero también es aquello que está afuera, lo que está más allá de los limites conocidos, aquello que permanece en las sombras, en el Otro Lado, dioses, demonios, espíritus. Mientras que la luz, es aquello que vemos y sabemos, tanto dentro de nosotros mismos como fuera de nosotros, es decir la naturaleza manifiesta. Así, un mago draconiano siempre estará en la búsqueda del balance interno como externo, aunque habrá momentos que una cosa pese más que la otra, el gran desafío es mantener el equilibrio. Estos conceptos, se apoyan en la idea alquímica de *Solve et Coagula* o disolver y coagular. Debido a que el viaje es introspectivo, a la oscuridad personal, el mago aprende en su estadio los aspectos ocultos de su propio ser, elementos de su naturaleza real, no aquellos impuestos por la sociedad y el aprendizaje, sino aquellas cosas que le están enterradas en lo profundo de su inconsciente, en este punto del viaje podemos hablar de la disolución, ya que las barreras que impiden tener contacto con estos aspectos del yo, de manera circunstancial y luego permanente o voluntaria, desaparecen. El siguiente paso, será la coagulación de todo esto, es decir en términos más simples, que una vez que seamos consientes de aquello que está escondido en nuestro propio ser, lo pasamos al consiente, haciendo uso pleno de estos elementos como herramientas que nos permitirán el progreso espiritual y personal.

Aquí la idea del equilibrio va tomando más forma, y de modo claro podemos ver los motivos por los cuales la luz y la oscuridad no se pueden separar, negar cualquiera de estos dos aspectos, sería negar la naturaleza real de las cosas, y esto nos incluye. Este es un arduo viaje, lleno de momentos dulces y amargos, y podemos decir que es el equivalente mitológico al viaje del héroe en muchas mitologías antiguas. Nuestro emprendimiento no estará libre de riesgos, sin embargo las recompensas que nos esperan son lo suficientemente alentadoras como para tomar dicho riesgo.

Si bien no es por elitismo o soberbia, hay que considerar que este sendero no es para todo el mundo, sino para algunos pocos, hace falta mucho más que el simple deseo de hacer magia para transitar la senda del dragón.

Lo primero que debemos tener es la voluntad de abandonar las falsas seguridades y estabilidades que nos propone la vida y la sociedad, tenemos que ser absolutamente consientes que una vez que comencemos con nuestro viaje, ya no seremos los mismos, que los cambios serán radicales y algunas veces algo caóticos e impredecibles y que el mayor riesgo que nos aguarda es la locura. Es por estos motivos, que te recomiendo no tomar esto a la ligera, sino con absoluta conciencia y convicción, ya que este sendero, no es un pasatiempo, no es algo que podamos realizar en nuestros momentos libres o cuando estemos aburridos, es algo que de todos los días, desde el momento que iniciemos nuestro viaje hasta el día que dejemos nuestro paso por esta vida.

Si dicho todo esto, aún sentís las ganas y la voluntad, y ante todo escuchas el llamado del dragón dentro tuyo, este sendero es para vos.

La Filosofía de la Mano Izquierda

oda escuela mágica o sendero iniciático, está por regla general, atravesado por una filosofía que lo respalda y que valida, en un punto u otro, algunas reglas de sus creencias. La aparición del concepto "Sendero de la Mano Izquierda" y "Sendero de la Mano Derecha" pueden tener un posible origen en el Tantra de Oriente, aunque claramente en Occidente fue reinterpretado y se le dio otro significado. Incluso, entre las diferentes escuelas mágicas, no hay una definición lineal y aceptada por todos de lo que realmente es o los valores que tiene una u otra filosofía, ya que muchas veces las personas se han encargado más de ver los posibles antagonismos de estas dos corrientes, más que de definir de un modo más claro que hace cada una y los motivos reales que tienen para seguir una u otra. Me gustaría desestimar este posible antagonismo entre una filosofía y la otra, está visión dualista a mi entender no es del todo correcto, ya que debemos comprender que cada una de las filosofías tiene un objetivo diferente pero igual en algún punto, que es la perfección del yo. Los métodos de trabajo de cada filosofía varían, claro que sí, pero esto no quiere decir que una sea mejor que la otra y que alguna siquiera tenga la verdad absoluta. El Sendero Izquierdo se apoya en la individualidad del ser, alienta a la búsqueda personal y solitaria por el re-descubrir la chispa de la divinidad interna y nos alienta a ser los creadores de nuestro destino, de nuestro propio universo personal, la famosa auto-deificación de la conciencia.

Para esto, el mago realiza una viaje interno a la oscuridad de su propio ser, en donde debe confrontar con todos los aspectos prohibidos, atavisticas, reprimidos y considerados por muchos como tabú. Lo que luego hace con todo esto, es usarlo en favor propios y como vehículo en la expansión de sus propias capacidades, aquí la máxima es "que se haga mi voluntad." Para el Sendero de la Derecha, las cosas son diferentes, ya que el mago lo que busca es restablecer el Orden Divino y al final fundirse con la totalidad, desintegrando por completo su conciencia individual. El mago del Sendero de la Derecha también, deberá en algún punto de su estadio iniciático hacer esté viaje hacía la propia oscuridad, solo que en vez de usar estos elementos para alcanzar el poder personal, buscará desterrarlos de su conciencia, llegando de este modo lo más "purificado" posible hacía la divinidad.

Los objetivos son diferentes, pero son dos formas validas de espiritualidad, ya que no todos estamos listos para lo mismo, ni siquiera todos aspiramos a lo mismo. Entonces está guerra sin sentido que se han dado durante años entre ambos senderos, es claramente un absurdo amarillismo para vender una falsa doctrina y atraer personas a uno u otro rebaño.

La filosofía de la Mano Izquierda es altamente individual, es un camino solitario en donde el mago se encuentra solo, él y los dioses, buscando su propio camino, su propia forma de hacer las cosas, creando su propio orden en el caos y creando sus propias reglas morales. Un mago del sendero izquierdo es un caminante solitario de la noche, en donde no tiene un regla moral establecida, sino que toma aquello que considera que es bueno para sí mismo. La moral es algo que depende de sus propios valores y no de los impuestos por la sociedad. Así que es posible ver que el mismo mago es capaz de ejecutar una maldición de muerte sobre un enemigo y al otro día estar dando clases a niños sin intenciones oscuras detrás. Con esa última idea, quiero romper un poco con el pre-concepto que todos los magos del sendero de la mano izquierda nos vestimos de negro y escuchamos música oscura.

El sendero de la mano izquierda, rompe con las reglas comunes y establecidas por la sociedad. En su búsqueda antinómica, el mago enfrenta sus más grandes tabúes y aprende de ellos, incorpora aquello que es desagradable y repugnante para convertirlo en un deleite de placer y gozo.

De todos modos, hay que comprender esto en un sentido espiritual y no irnos a los extremos, seguir está filosofía no quiere decir entrar en una completa anarquía o romper las reglas civiles, sino es romper con las reglas espirituales para alcanzar la libertad de la mente y el espíritu, claro que esto estará acompañado de prácticas que más bien son rituales y son las vías reales que nos permiten dicha libertad en la búsqueda de la auto-deificación.

Maestro y Mentores

 iguiendo la idea anterior, es decir la filosofía del sendero izquierdo en la que se basa el sendero draconiano, es muy complejo hablar de mentores y maestros en este sendero. Siendo que la búsqueda es individual, personal y solitaria, sería bastante contradictorio pensar que hay un maestro que nos pueda guiar en nuestro sendero. Muchas veces sucede con las personas que sienten interés en el tema, que no saben muy bien por donde comenzar, pero no todos gozan de la capacidad de ser autosuficientes como para poder hacer un camino solitario, en donde a través de la prueba y del error encuentre su propio camino a la divinidad personal. Claro que con esto no estoy diciendo que no nos podamos basar en lo que piensan otros o incluso experimenta con el trabajo de otras personas, sino este libro no tendría sentido alguno. Sin embargo hay mucha diferencia entre lo que expongo en este libro y lo que puede representar un mentor o maestro del sendero. Primero que nada, a mi comprender y esto es algo que el mismo sendero me ha enseñado una y otra vez, los únicos maestros reales son las deidades que encontramos en nuestro viaje, es el mismo sendero quien nos va conduciendo por el camino correcto para nosotros y que cuando nos desviamos del mismo, nos vuelve a poner en nuestro lugar. Trabajar bajo la tutela de otra persona, sin importar cuán avanzada este en el sendero, es en algún punto, aceptar la verdad de su visión personal, es creer que esa persona llegó a un lugar que nosotros no estamos y que nos da una falsa seguridad de que ir por el lado correcto.

Este, a mi entender, es uno de los peores errores que los buscadores noveles cometen. Una persona que ha alcanzado un grado avanzado en la iniciación, rara vez, buscará enseñar del modo tradicional a otro, ya que ha comprendido que solo puede conducirse a sí mismo, y que es francamente contradictorio querer imponer o exponer su doctrina.

Esto me lleva al siguiente punto, el que tiene que ver con las ordenes y agrupaciones, una orden o grupo es un elemento de falsa seguridad, nos brinda en un principio un sentido de pertenencia, lo que no está mal, pero sería más bien un club social más que un grupo de magos altruistas ayudando al que quiere comenzar. No hay que caer en las falsas trampas del ego ajeno, la magia siempre tiene un precio, nada es gratis en este sendero, muy por el contrario, cuando un mago avanzado comparte algo es porque algo busca detrás, y aquí se abre un gran abanico de posibilidades, en mi caso escribo este libro por mi pasión por la escritura y porque es una caricia al ego que otros lean mis trabajos. Pero en otros casos, puede haber otras intenciones, algunas que no son tan claras y no siempre son tan transparentes como parecen ser.

Como magos draconiano y seguidores del sendero de la izquierda, somos capaces de reconocer a simple vista las bajezas humanas, las miserias y la oscuridad, no solo en nosotros mismos, sino también en nuestros pares. Entonces, ¿por qué alguien se tomaría el trabajo se enseñar su saber? una pregunta con muchas respuestas, sin embargo no hay tiempo ni espacio aquí para enumerar cada una de las posibilidades. Este no es un sendero para todo el mundo, y hace falta mucho más que simples ganas, voluntad y disciplina para transitarlo, hay que sentir el llamado interno y estar dispuesto a dejar todo atrás en nuestras vidas con tal de caminar la senda del dragón. Esto puede sonar un poco extremo, y de hecho lo es, pero hay que tener en cuenta que cuando comenzamos con nuestro viaje iniciático, nuestra realizad cambia abruptamente, aquello que antes tenía valor, al día siguiente no lo tiene más, pasa a ser un gran sin sentido, y siendo aún más honesto, considero que no todos están preparados para semejante odisea en su vida.

Debido a que el sendero draconiano es muy activo, no hay espacio para magos de sofá, esto no es ocultismo teórico del que podamos hablar, esto es un 90% hacer y un 10% de teoría.

Este hacer es individual y personal, puede que establezcamos una alianza temporal con otros para llevar a cabo un proyecto o una investigación sobre tal o cual tópico, pero eso durará poco, no es real establecer relaciones de sometimiento en donde un maestro que todo lo sabe o que tiene todas las respuestas y nosotros somos simples aprendices, ya que esto destruye por completo la idea de individualidad personal. Claro que esto supone un gran riesgo, porque no tendremos a nadie que nos diga si lo que estamos haciendo está bien o está mal, pero ¿quién tiene la autoridad moral o espiritual para decirlo? en este punto estoy convencido que nadie. La magia draconiana se trata de experimentar y buscar aquellas cosas que nos sirvan para el progreso individual, y creo firmemente que nadie puede juzgar si lo que estamos haciendo está bien o está mal, siempre habrá detractores de nuestro trabajo y gente que nos apoye, pero al final de todo, siempre estaremos solos ante el Gran Dragón Primigenio.

Incluso pasa algo significativo con las ordenes tanto draconianas como del sendero izquierdo, todas suponen tener algún tipo de linaje místico y mágico que se pierda en las arenas del tiempo, y me permito decir que es simple fantasía de marketing para vender membrecías. Las ordenes, que a mi entender se están muriendo lentamente, han dejado de tener el rol protagónico que han tenido a la largo de la historia del ocultismo, claro que estoy haciendo referencia a las ordenes de este sendero y no hablo de las ordenes del sendero de la mano derecha. Hoy en día, la gente busca algo más práctico, algo más tangible y real, de hecho muchos son los que sienten afinidad con este sendero por ese mismo motivo, y las ordenes pretenden opacar esto, con reglas absurdas y jerarquías de poca monta, escondiendo supuestos sabes arcanos en palabrerías pseudo-intelectuales que no dicen nada y que solo llevan a la confusión en una ambigüedad retorica.

Entonces, ¿necesitamos de órdenes, logia y templos que nos instruyan? la clara respuesta es no, si se necesita una actitud fuerte, demoledora, antinómica que refuerce el deseo natural de buscar la auto-deificación personal, lejos de los maniqueísmos de algunos pseudo-mentores que se presentan con piel de cordero pero que en realidad son lobos feroces. Incluso, no creas en nada de lo que yo te diga, hace tu propia experiencia, da vueltas este libro, cambia lo que quieras, rompe con las reglas, al final ser el dios de nuestro propio universo se trata de tener el completo control de nosotros mismos y del mundo que nos rodea.

El Camino Individual

na de las máximas premisas que tiene tanto la Magia Draconiana como la Filosofía de la Mano Izquierda, es la individualidad y el espacio solitario de la senda, lo que muchas veces se pone en contradicción con la realidad de lo que se vive. Esto puede y de hecho lo tiene, múltiples enfoques, trabajar solo en un camino auto-iniciático no es para todo el mundo, no es una tarea sencilla, demanda de una gran auto-disciplina y un gran compromiso, primero para con uno mismo y luego para con el sendero. De hecho, este es una de las razones principales por los que muchos buscadores sinceros fallan. Las personas están acostumbradas, de un modo u otro, a que alguien les diga lo que tiene que hacer, siempre hay una figura de autoridad que nos guía, ya sea la familia, un personaje político o incluso un sacerdote religioso. Tanto en la magia draconiana como en el sendero de la izquierda no es diferente, las personas que no tienen un gran conocimiento sobre estos temas, siempre están en la búsqueda de que alguien con mayor experiencia les valide lo que están haciendo, que los conduzcan de un modo u otro al lugar correcto y por la vía correcta. ¿Pero esto, no supone una contradicción a todas enseñanzas del Sendero Izquierdo? La respuestas más simple es si, porque en verdad la auto-deificación no es un derecho adquirido por nadie y nadie tiene la obligación para con nadie, solo nosotros mismos podemos alcanzar tal estado, y esto es independiente de cualquier orden esotérica, templo o grupo.

Sin embargo, la falla más grande es que muchos de los que comienzan no saben muy bien qué hacer, entonces buscan de modo desesperado que un maestro "oscuro" los guíe, los inicie y les marque el camino. Y aquí surge otra pregunta ¿por qué alguien enseñaría los secretos de la magia? Las respuestas a esta pregunta son múltiples, una puede ser por dinero, la otra por el ego de ser reconocido como un "maestro", o quizás porque haya otras intenciones detrás. Lo que sí es cierto, es el hecho de que de estas estructuras, llámese maestros, ordenes o templos, duran poco tiempo de pie, y esto es porque el fuerte sentido de la individualidad que este sendero propone. Tarde o temprano, debemos hacer nuestro propio camino, hacen nuestras propias reglas y no depender de nadie. Con esto no quiero decir que no podamos, de modo circunstancial, trabajar en un grupo o con otros magos, pero al final siempre nos deberemos despegar para hacer lo propio.

Todo lo antes dicho también lleva a otros puntos, el ego es un elemento que es muy fuerte en este sendero, a tal punto que muchas veces podemos caer en la trampa de creer que somos iluminados, o dioses en la tierra o enviados de los dioses, creyendo que la única verdad es la nuestra y que todo lo otro no sirve o está equivocado. Cuidado con esto, la verdad nunca es absoluta, todo podes llegar a poseer un fragmento de la verdad, si es que tal cosa existe, y en todo caso, somos poseedores de una verdad personal, verdad que muchas veces estará o no compartida por otros.

Antes de afirmar que tal o cual persona es un autentico maestro, en algún punto lo debe demostrar con actos concretos. Siempre fui de creer que la vida mundana, es un reflejo directo de los avances reales del mago, si una persona que dice y clama que es un mago avanzado en el sendero pero en su vida personal todo es un desastre, claramente no ha logrado avanzar mucho, sino que es presa de su propia ilusión. La vida mágica con la vida mundana tiene que ser un balance en donde una cosa debe potenciar a la otra, ya que mientras tengamos una existencia aquí, debemos cuidarla y disfrutar de ella.

Finalmente, y a modo de sugerencia, si no estás preparado para confrontar un sendero mágico de manera solitaria, en donde deberás trabajar a diario, de modo solitario, con la guía y la ayuda solo de los dioses, espíritus y guías del sendero, quizás esto no sea para vos.

es un viaje en la búsqueda del poder personal, no es para todos, no es para la maza o el rebaño, es para una cantidad limitada de personas que son capaces de asumir un compromiso de por vida, que no tiene miedo a adentrarse en la oscuridad primigenia, para re-descubrir su legado espiritual, siendo capaces de entrar en la Matriz Oscura del Universo en donde el iniciado muere y renace como un nuevo ser. Transitar este sendero, implica ser capaz de reacomodar toda nuestra vida para transitar la Vía Iniciática, dejando atrás cualquier cosa que nos impida continuar con nuestro viaje, quemando con el Fuego del Dragón todos los obstáculos, envenenado la ilusión para alcanzar la fuente original de la creación: El Dragón.

Dioses, Demonios y Espíritus

 a naturaleza de los dioses, demonios y espíritus dentro del sendero draconiano, siempre está sujeto a la experiencia personal y al lazo que establezcamos con ellos. Si bien hay una creencia, más o menos aceptada por todos aquellos que seguimos la filosofía del sendero de la mano izquierda, que es el hecho de que son nuestros aliados y maestros, no todos estaremos de acuerdo en sus formas de manifestarse o del saber que cada uno tiene, porque hay un hecho concreto que no debemos de perder de vista, cada deidad tiene algo diferente para enseñarle a cada iniciado, y esto refuerza la idea de que el sendero es individual y único para cada uno de nosotros.

Algo que si no se debe de perder de vista, es el hecho de que estos seres son mucho más antiguos que la humanidad, y que si bien fue el hombre quien les dio algunos atributos y formas puntuales, no están limitados a una sola visión, ya que ellos tiene múltiples formas de manifestarse y son absolutamente vastos. Lo que me lleva a otro punto, no hay que creer que estas fuerzas son porciones de la mente inconsciente del mago, ya que esto no así, aquí las teorías psicológicas para explicar la magia no solo no son útiles, sino que son peligrosas, ya que nos alejan de una autentica espiritualidad.

Es fácil de comprobar la naturaleza de dichas fuerzas, y esto se hace a través de la experiencia directa, de este modo podremos comprobar por nosotros mismos este punto.

Las divinidades no se postran ante nadie, pero tampoco esperan que nosotros lo hagamos, sin embargo no hay motivos reales para proceder con respeto e incluso tener actos devocionales. Ellos responden a sus propios intereses y a su propia voluntad, y debemos aprender a ganarnos su respeto y enseñanzas. No creer que por el simple hecho de realizar un ritual, la fuerzas responderán a nuestras ordenes, no, es el vinculo, el trabajo diario y sistemático lo que nos permitirá alcanzar el contacto real y fluido con la divinidad, sea cual sea esta.

Los dioses y demonios, muchas veces se manifiestan con aspectos humanos, es decir, la mente del mago les da una forma concreta, aunque su forma real no sea así, sino que una máscara que les ponemos como para poder captar su gnosis. Así, es fácil ver que cada uno de ellos tienen una personalidad diferente, tienen gustos diferentes y formas de proceder ante diferentes cosas. De ahí que sea importante aprender que cosas son las que les gusta, que pretenden de nosotros y como hay que proceder para recibir sus enseñanzas. No hay que perder de vista que en la magia nada es gratis, sino más que todo es un intercambio, si una divinidad nos da su conocimiento sobre algo o nos ayuda en tal o cual cosa, hay que ser igual de agradecidos como lo seriamos cuando un amigo o familiar nos hace un favor. Nunca hay que dar por sentado que un dios es de nuestra pertenencia, o que tenemos un conocimiento exclusivo sobre tal o cual cosa. Sucede muchas veces que el mismo ritual que recibimos directamente de un dios o demonio, lo recibió otra persona en otra parte del mundo. El conocimiento no es un patrimonio de nadie, de ninguna persona, templo, orden o grupo.

La vía devocional es algo que entre muchos que siguen el sendero de la mano izquierda parece perdida u olvidada, pero también es una forma de llegar al poder y al conocimiento, la comunión con una divinidad es algo único que llena el espíritu del iniciado tanto de poder como de conocimiento. Será menester de cada iniciado descubrir con que puede agradar a una divinidad con la que sienta afinidad o haya conseguido un objetivo.

Pero esto no sucede porque los dioses o demonios tengan un interés real en un bien humano, sino porque el cambio de energía que se debe producir, algo que forma parte elemental de un balance entre lo divino y lo humano.

Supongamos que queremos entrar en contacto con una divinidad con la que nunca hemos trabajado antes, pero queremos de algún modo llamar su atención o atraer su interés hacia nosotros, una ofrenda en su honor puede ser algo muy útil, quizás algo simple, encender una vela con algún incienso en nuestro altar y recitar algunas palabras en su honor puede ser suficiente, lo que nos puede llevar a tener algún tipo de presagio o información por parte de la divinidad, lo que nos podría inspirar a crear nuevos métodos de trabajo con dicha deidad.

Siempre hay que ser respetuoso y agradecido, pero no someternos ante nadie, un mago del sendero izquierdo no se postra, no ruega ni suplica, pero tampoco es irreverente, es un equilibrio, la divinidad merece respeto, pero no esperan que pasemos nuestras vidas cual ovejas, ellos buscan, en muchos casos, ayudar a liberar la mente y el espíritu y de este modo redescubrir la chispa divina que llevamos dentro, el legado primigenio de aquellos que caminaron libres en el mundo mucho antes de que el hombre si quiera existiera.

Los dioses y demonios se muestran de diferentes formas y no hay una forma correcta o incorrecta de percibirlos, todo depende del grado de visión astral que tenga el mago. Con cada paso que damos en nuestra iniciación y alcanzamos estamos avanzados, los velos que cubren los verdaderos rostros de los dioses se van desintegrando y es posible ir viendo su verdadera naturaleza, sus verdaderos rostros que muchas veces están alejados de la visión popular.

Debido a que estás son fuerzas espirituales, no tienen las limitaciones que tenemos nosotros, por lo tanto pueden tomar cualquier forma y presentarse de cualquier manera, aunque esto estará condicionado por la mente del mago y sus creencias anteriores, si venimos con un anclaje religioso muy cristiano, seguramente que cuando evoquemos a Lucifer, lo veremos con un demonio gobernando en el averno, en cambio si creemos que Lucifer es como lo describen los grimorios medievales, tendrá otra forma, lo mismo con cualquier otra tradición.

Pero esto tiene múltiples significado y posibles usos prácticos dentro de la magia, ya que están son máscaras de la divinidad, y pasa con un sin fin de dioses y demonios, cada una al mismo tiempo, es independiente, con su propia personalidad, gustos y poderes. En sí forman parte de la misma deidad pero con múltiples manifestaciones que se manifiestan de acuerdo a los aspectos o necesidades con las que el mago necesite trabajar. Aprender y trabajar con cada una de ellas, nos acerca un poco más al verdadero rostro, que no se puede percibir a priori pero con práctica y esfuerzo se alcanza.

Por lo tanto, cuando abordemos nuestro trabajo con los diferentes dioses, demonios y espíritus del sendero, deberíamos acercarnos con una mente abierta, esperando tener nuevos aliados y amigos, a los que le debemos respeto pero no complacencia, no somos sus siervos, sino más bien buscadores espirituales en descubrir nuestra chispa divina y al final convertirnos en algo más que simples humanos.

El Dragón

efinir al Dragón es una ardua tarea ya que hay múltiples interpretaciones y visiones sobre lo que es y deja de ser, y esto sucede porque no es posible hacer una lectura singular de la figura del dragón. Aunque si podemos tener una aproximación teórica de los principios que representa para luego poder completar está visión a través de la experiencia ritual.

En un principio, vamos a separar las cosas en dos grandes grupos, por un lado están las deidades, dioses, demonios y otros espíritus que acarrean con la esencia draconiana, es decir que parte de su manifestación está conectada con los principios que el Dragón representa, pero no por esto tiene que ser mitológicamente figuras con formas o imaginería draconiana. Siguiendo está idea, acá podemos hablar de un sin fin de entidades con las que un mago draconiano puede trabajar en sus proyectos y rituales personales, y que para muchos, esto representa algo confuso, porque se cree que el sendero solo trabaja con deidades tales como Tiamat o Leviatán, entonces no comprenden el hecho de porqué trabajamos con otros arquetipos tales como Kali o Hécate. Sin querer ser redundante, es por el simple hecho de que su esencia se conecta, en algún punto con la esencia tanto de la Filosofía de la Mano Izquierda como con los principios básicos de la magia draconiana.

Explicado el punto anterior, entremos en el segundo grupo, los dioses que si son en esencia dragones. Estos seres aparecen en todas las mitologías antiguas alrededor del mundo, ocupando en algunos casos lugares majestuosos y centrales, como divinidades protectoras, guardianas y con poderes ilimitados, o bien cumplen el rol opuesto, es decir son monstruos que representan el caos sin forma, la oscuridad y el concepto de lo que es malvado o al mismo adversario. De todos modos, hay que tener siempre en cuenta que a lo largo de la historia y por la intervención de las religiones, las figuras que ocupaban un rol divino, pasaron a ocupar un espacio demoniaco y siempre asociado al mal, en pocas palabras demonios que querían destruir el plan divino de dios y corromper a la humanidad. Aunque, si observamos bien, podremos notar como esto es una falacia, muchas de estas figuras, tientan al hombre con el poder y el conocimiento, ayudando al hombre a despertar del sueño de la ignorancia y a buscar el progreso personal y espiritual, sin ataduras o imposiciones que vienen de una "figura superior y perfecta."

Algo que no debemos perder de vista y que debemos siempre tomar en cuanta, es el hecho de que el Dragón no es una deidad puntual o especifica, es algo que está más allá de la concepción humana o de lo que nuestra mente puede comprender en su totalidad. Es posible, tras mucha práctica y trabajo sistemático en el sendero, experimentar destellos o experiencias místicas en las que podemos entender y vivenciar al dragón primigenio en todo su esplendor, aunque esto no se puede explicar con palabras, ya que no hay una retorica que me permita transmitir dicha experiencia.

El ser humano por naturaleza, necesita definiciones y necesita encasillar las cosas en algún lado, siguiendo está idea y para que los conceptos no queden como algo misterioso o ambiguo que no se termina de comprender del todo, lo que sí puedo decirles es que el dragón es la fuerza primigenia del universo, es el útero del caos de donde todo ha nacido, no solo el hombre y todo lo que conocemos, sino que se extiende mucho más allá, no tiene límites y es imposible encapsular su esencia ya que es demasiado vasta, de ahí que sea tan complejo poder describir con palabras lo que es experimentar esta fuerza. La misma no solo se manifiesta fuera, en la naturaleza salvaje, en la tierra, en el cielo y en los rayos, tormentas y fenómenos naturales, sino que también lo hace dentro de cada hombre, a través de energía sutil, y le damos el nombre de Kundalini. Una energía con forma de serpiente de fuego, que descansa sobre la base o la raíz, en el chakra Muladhara y que cuando asciende hacía el tercer ojo (el Ajna Chakra) despliega sus alas y se convierte en un Dragón, despertando y abriendo un chakra escondido conocido con Sunya (el Vació).

Si observamos el mito de la creación babilónico: el Enûma Elish, Tiamat quien es la madre de todos los dioses, fue rebanada a la mitad por el dios menor Marduk y con su cuerpo y su sangre construyó el mundo que conocemos hoy día, y con la sangre de su amante: Kingu, dio vida al hombre. Es decir que todos nosotros somos hijos del dragón original y primigenio. Sin embargo, hay que comprender esto como un mito, como una explicación espiritual y no lo debemos tomar de modo literal, aclaro este punto como para que no existan confusiones o malas interpretaciones al respecto.

Es posible trabajar con el Dragón Primigenio a través de sus mascaras y avatares, de hecho es el mejor método y la forma más práctica de llegar a la fuente original del dragón del caos. Así, podemos ir pasando de mitología en mitología para inspirarnos para nuestros propios rituales, parte de esto mismo será expuesto en la parte práctica del libro.

En conclusión, el Dragón es al fuerza que pone al universo en marcha, es el Útero de donde nace toda la vida y hacía donde la vida vuelve en un ciclo sin fin de nacimiento, muerte y resurrección. Su poder es vasto e infinito, sin forma definida, la oscuridad primigenia de donde nace la luz, el primer destello de vida y aquello que existió antes de la creación manifiesta. Algo que el hombre a través de la mitología, la religión y la espiritualidad, trató de darle forma, nombre y calificarlo, pero su esencia no tiene forma alguna o concreta pero la podemos percibir en los grandes y pequeños fenómenos, tanto dentro como fuera nuestro. No hace falta ir más allá para poder entrar en contacto con esta fuerza, solo se necesita la suficiente voluntad y una mente abierta para poder percibir su grandeza, esplendor, belleza y poder sin límite.

Sobre la Gnosis Personal

nosis significa conocimiento y el conocimiento dentro de la Corriente Draconiana se obtiene de diferentes modos. No siempre la información nos llegará de la historia, la mitología o alguna fuente escrita. Algo que sucede, y sobre todo cuando vamos avanzado en nuestro sendero, es que los dioses, espíritus y demonios con los que trabajamos, nos revelan cierta información que muchas veces no se encuentra en ningún otro lado. Esto es conocido como Gnosis Personal, es decir que es una revelación mística que se puede presentar como una palabra de poder, un sello de un entidad o todo un ritual entero. Ahora bien, la línea que separa una Gnosis Personal real y legitima de algo que no tiene ningún tipo de poder o valor real, es muy fina, lo que demanda de parte del mago una actitud muy sincera y ante todo un trabajo de verificación meticulosa. Para esto, cuando algo es obtenido de este modo, y créanme que les va a pasar, se debe verificar previamente antes de tomarlo como una verdad, hacer esto, es la diferencia entre algo real y legitimo de un simple engaño de nuestra mente.

No siempre obtendremos información que este plasmada o sea igual a los que nos dice la mitología o la historia, de hecho muchas veces pasa al revés y lo interesante de esto es que podemos ir viendo que las divinidades son muy amplias y no tienen una única forma, sino que tienen muchas facetas diferentes. Así y a lo largo de todos estos años, se han ido "descubriendo" nuevas manifestaciones de Lilith o de Lucifer, y no han quedado restrictos solo a un simple aspecto.

Este tipo de información no llega a través de diferentes rituales, no siempre sucederá pero es frecuente que tras el trabajo sistemático con una fuerza, la misma nos revele información relevante, ya sea para nuestro trabajo personal como para un trabajo más amplio en el futuro. Sin embargo, esto acarreo un cierto peligro, el de caer en la obsesión de que somos elegidos o una suerte de mesías, cuando en verdad esto no es así. El entrenamiento de las facultades psíquicas-astrales, es algo que nos da la posibilidad de establecer una comunicación con el Otro Lado y recibir información, es algo natural dentro de muchos sistemas mágicos, no es un fenómeno milagroso que solo les pasa a algunos elegidos. Si tenemos esto siempre presente, el evitar caer en la trampa del ego será algo simple y sencillo.

¿Por qué es necesario verificar esto? La respuesta a la pregunta es simple, porque no podemos dar por sentado que lo que nos estén diciendo sea una verdad, sino estaríamos aceptando de manera ciega algo, situación que está muy lejos de lo que representa la filosofía del Sendero Izquierdo, por el otro lado, si lo verificamos, sabremos que en verdad lo que hemos recibido funciona para eso, y los modos en los que lo podemos aplicar. No siempre la información nos llega completa, sucede que algo puede estar a medias y es necesario que investiguemos para poder completar el rompecabezas. Por el otro lado, la información que nos llegue por este medio, no siempre será valiosa o útil para otros, puede que lo que recibamos solo nos sirva a nosotros y forma parte de nuestro sendero personal, algo que podremos ver de modo claro cuando verifiquemos esta información.

Los modos usuales en la que está información llega es a través de trabajo de invocación, en ese momento en donde establecemos una comunión con la divinidad, recibimos ciertas cosas, pero esto no está limitado solo al trabajo invocativo. La escritura automática da grandes resultados para esto, hay personas que han escrito libros enteros en estado de posesión. Otro medio es a través de la exploración astral, ya sea en trabajos meditativos o bien en sueños. Supongamos que estamos explorando el Inframundo de acuerdo a la mitología Babilónica, desarrollamos una meditación guiada de acuerdo a los mitos y leyendas de este espacio, logramos penetrar astralmente en el mismo, y los dioses que allí rigen nos brindan un sello ya sea que los represente a ellos o bien uno que sea un puerta directa a este mundo.

Luego de obtener tan valiosa información, lo que se debe de hacer es meditar sobre el mismo, ver que tan bien funciona, probarlo de todos los modos posibles, y por supuesto dejar registro sobre esto.

Las experiencias son diferentes para cada mago, hay quienes tienen más facilidad para recibir información visual, otros que tienen más facilidad para las palabras de poder, habrá otros que puedan ambas cosas. Tener este tipo de información del plano astral, requiere de tiempo y de práctica, pero es un hecho de que pasa y es un muy buen medio para explorar aspectos y regiones que no han sido exploradas. No siempre vamos a tener a la mano el sigilo de tal o cual entidad, y sucede que sobre la misma hay poca o casi ninguna información, sin embargo queremos trabajar con la misma, ¿qué hacemos?, en esta situación, lo idea es comenzar con una meditación sobre la entidad, buscando el contacto con la misma, podemos continuar tratando de establecer dicho contacto en los sueños y ver qué nos pasa. Cuando hayamos conseguido algún tipo de avance, esto nos puede inspirar para escribir una invocación que exalte algunas de sus cualidades y que invite a dicha fuerza a manifestarse en el templo de la carne, al recibirlo dentro nuestro, es muy factible que la entidad nos revele algún sigilo para el trabajo con ella, y si no lo hace, lo podremos solicitar. Teniendo el sigilo y ya un previo contacto, nos abre un mundo de posibilidades para hacer un trabajo mucho más completo, en donde podremos desarrollar nuevos métodos y formas de trabajo.

En el ejemplo anterior, podemos ver de modo claro para que nos puede servir este tipo de información y seguramente con el paso del tiempo, ustedes descubrirán nuevas formas de aplicar todo esto. Pero todo esto me lleva a un nuevo punto a tocar, muchas veces en libros, sobre todo en libros escritos por ocultistas modernos, nos topamos con símbolos y palabras que no comprendemos, muchas veces estas son palabras de poder que no tiene un sentido lógico, sino que sirven para elevar la mente a un estado en particular y poder sintonizar con la fuerza con la que queremos trabajar. Sucede también que podemos encontrar una versión de un sello de un entidad muy conocida, ejemplo: Lucifer, pero que dicho sello no coincida con los que aparecen en los grimorios tradicionales, sino que son una creación única del mago que lo ha realizado. Esto es otro ejemplo de la gnosis personal, pero antes de que nos aventuremos a usar dicho sigilo o palabra de poder, debemos estar seguros que función cumple, y para lograr esto hay dos simples opciones, una es el uso de la intuición, siempre debemos escucharla ya que es lo que nos permitirá saber si es conveniente o no usar dicho símbolo, y la otra es usarlo y ver qué pasa.

No todo lo que encontremos será una revelación mística, es posible construir nuestros propios sigilos o palabras de poder, empleando asociaciones de símbolos y correspondencias, una vez realizado, el mago deberá consagrarlo ritualmente y estará listo para su uso. Si bien está última opción parece menos atractiva que las anteriores, no hay que desestimarla, si se aplica el ritual adecuado, se puede dejar una huella en el astral, generando que dicho símbolo o palabra tenga un poder real.

En conclusión, la gnosis personal es algo que está presente en este sendero mágico y que se debe utilizar de modo responsable, siempre verificando los posibles resultados y utilidades que puedan llegar a tener, así es como este sendero va creciendo y se va construyendo a sí mismo, a través de los magos que lo vamos transitando.

La Magia Menor

 agia menor es el termino más común para designar a la magia práctica, algo que muchas veces no es tomado en cuenta por aquellos que siguen este sendero y se pierden de la importancia de la misma. El sendero es equilibrio, es un balance entre las situaciones de la vida diaria y el mundo espiritual, el mago vive de un modo u otro, en ambos planos al mismo tiempo. Es por esto que poder aplicar la magia de un modo práctico en nuestra vida diaria, también forma parte del sendero.

El mago que niega la realidad material, la vida aquí y los placeres de la carne, se está perdiendo de mucho y no está viendo la totalidad de las cosas, sino solo una parte. Por el otro lado, la magia es la búsqueda del poder, tanto personal, interno y divino, como también poder sobre nuestra realidad. Un mago que no es capaz de alterar la realidad que lo rodea, y cambiar las situaciones a su favor, es un mago atrapado de la ilusión del misticismo. ¿De qué vale estar en contacto con el Otro Lado, si no somos capaces de poder vivir una vida plena en esta realidad.? Quizás esta sea una de las respuestas más crudas que un mago se tiene que hacer mientras transita este sendero, ya que no todos serán momento de gloria y felicidad plena, pero debemos ser capaces de usar las herramientas que la magia nos proporciona para poder alterar cualquier factor o hecho que nos trabe y que no nos permita alcanzar nuestras metas.

Cuando la energía esta en desbalance, es algo que afecta a nuestra realidad, si no somos capaces de vivir una vida digna, no seremos capaces tampoco de alcanzar una evolución real a nivel espiritual. No todo el sendero es sobre los aspectos internos y de hecho mi concepción de esto, es que ambos aspectos tienen que estar en equilibrio, ya que uno complementa al otro de un modo natural.

La magia es poder y como tal debe de ser empleado de modo responsable, pero también de un modo realista. No debemos creer que porque realicemos tal o cual ritual, nuestra vida se solucionará y podremos tener todo lo que queramos con solo chasquear los dedos, estos una fantasía que lo debemos dejar para las películas. La magia práctica siempre encuentra el modo de manifestarse en la vida del mago y lo hará a través de la vía más accesible. Debido a esto, no siempre vamos tener exactamente los resultados imaginados, esto no quiere decir que al final no tengamos lo que queremos, pero no quizás justo del modo que lo estemos imaginado. Siguiendo la idea del realismo mágico, no podemos esperar ejecutar un hechizo para el dinero y esperar encontrar un maletín lleno de billetes, no es que esto no nos pueda pasar, pero es poco frecuente. Lo que tras hacer el hechizo debemos hacer es ver nuestras opciones, quizás nos aparezca un nuevo trabajo, un nuevo emprendimiento o una posibilidad que estábamos esperando hace tiempo. Este mismo concepto es aplicable a casi todas las formas de magia práctica, quizás a excepción de las maldiciones y los maleficios. Este tipo de rituales, funcionan de otro modo, el ataque mágico por medio de un maleficio, es más como dirigir una energía en estado bruto a que destruya a un objetivo, comparable quizás con la caída de un rayo, el mismo si alcanza algo que es vulnerable lo destruye por completo. Pero antes que nos aventuremos a maldecir a un enemigo, siempre es necesario preguntarnos si no lo podemos resolver de otro modo, y si así y todo queremos aplicar un ataque mágico, nunca debemos sentir culpa por lo que hagamos, como tampoco mirar atrás, esto es algo fundamental en este tipo de magia, por ello si no estás completamente convencido, no lo hagas.

Aquí otro concepto a tener siempre en cuenta es el hecho de ver si el tema que queremos resolver o aquello que queremos atraer a nuestras vidas, no lo podemos lograr por una vía más "natural". No todo lo vamos o lo deberíamos resolver por medio de la magia práctica, y atención con esto, la magia puede ser muy adictiva, sobre todo cuando se tienen resultados muy contundentes y en muy poco tiempo. Lo que me lleva al punto del abuso, si abusamos del poder, el poder abusará de nosotros, perdiendo el balance, y en sí mismo el sentido que esto pueda tener. Es por esto que antes de encender una vela y lanzar un conjuro, medita en lo que vas a hacer, preguntándote si esto lo podes resolver por otro medio, consulta previamente con un oráculo, esto te permitirá ver de un modo u otro las posibles consecuencias o efectos que tendrá lo que estas por hacer y te permitirá ir de un modo más "seguro."

Finalmente, acá no voy dar un listado de hechizos o cosas que se pueden hacer, ya que no es el propósito de este libro, pero es simple encontrar información sobre el tema. Sin embargo, enlistaré algunos tips que pueden ser útiles a la hora de comenzar con la magia práctica:

-Aprende sobre las fases de la luna: es algo muy común pero muy útil aprender sobre las regencias de la luna sobre la magia, esto te permitirá en muchos casos ampliar tu canal psíquico, lo que te podrá ser útil para todo tipo de rituales y ceremonias.

-Antes de realizar un ritual consulta con algún método adivinatorio: muchas veces los resultados de un ritual y/o hechizo pueden ser algo impredecibles, por lo tanto es recomendable consultar con algún sistema adivinatorio, esto te permitirá tener una visión global del tema y de posibles resultados.

-Se realista: un punto fundamental, ya que muchos de los que comienzan con la magia tienen expectativas poco realistas, y se terminan frustrando cuando no consiguen los resultados esperados. Ejemplo, si queres dinero y riquezas, es posible obtenerlo por medio de un ritual, pero no esperes que de un día para el otro caiga de modo "mágico" los resultados del cielo. Un ritual te puede poner en el camino correcto para que vayas creciendo paso a paso, pero no es algo que será instantáneo y milagroso. Lo mismo lo podemos aplicar a un ritual de amor, si queres embrujar a una persona que no sabe quien sos, es muy factible que no haya resultado alguno y termines teniendo un profundo estado de frustración. Ser realista aplica a todo, es fundamental saber el alcance real de tu magia para ir pudiendo correr los limites, pero eso demanda tiempo y esfuerzo.

-Guarda silencio: algo que pasa con frecuencia es que los principiantes comienzan a realizar un hechizo y en su entusiasmo lo cuentan. Error, es fundamentar guardar silencio sobre las prácticas, muchos son los motivos, pero la más básica, otra persona te puede influenciar de modo inconsciente, produciendo una interferencia psíquica entre tu deseo y la concreción del mismo, esto es algo que debemos de evitar siempre.

-Confianza: elemento fundamental para abordar cualquier ritual, hechizo o ceremonia. Si no crees en vos mismo, en que vas a tener resultados y previo a comenzar estas dudando de lo que obtendrás, es muy probable o bien que no pase nada, o bien que pase lo opuesto. Aborda tu magia con la mente abierta y confiando en tus capacidades como en las entidades con las que estás trabajando. Aunque en este punto, siempre hay que mantener el equilibrio y no pasar de la confianza al egocentrismo total.

-Libros de rituales y hechizos: en el mercado podes encontrar todo tipo de libros sobre magia y rituales, pero como aquí estamos hablando de magia menor o magia práctica, te recomiendo que busques grimorios sobre magia medieval, allí encontrarás un montón de hechizos para todo tipo de casos, símbolos y palabras de poder. Sin embargo, es importante ser creativo con este material y adaptarlo a las prácticas modernas, ya que muchos de los elementos que estos libros contienen son algo inviables en nuestros días. Ciertos elementos pueden ser modificados por hierbas, ejemplo: Sangre de Dragón es un hierba y no literalmente sangre. Que un talismán deba de ser confeccionado en una placa de oro, fácilmente se puede hacer sobre un papel dorado, respetando las horas planetarias, y así cualquier elemento que encuentres puedes modificarlo y estos libros te puede servir de inspiración para armar tus propios rituales.

-Correspondencias: las correspondencias son otro elemento que deberías tener en cuenta a la hora de tus rituales. Pero, ¿qué es lo que son? son aquellos elementos que están codificados de modos tal que funcionan para ciertas cosas: ejemplo, el color rojo tiene que ver con el planeta Marte, que a su vez tiene que ver con la guerra, la pasión y la sangre, cuyo metal es el hierro y corresponde al día Martes, y algunos de los dioses que tienen que ver con este planeta son Ares, Marte, pero también rige una Qlipha en el Árbol de las Sombras es que Golachab, cuyo Demonio-Dios regente es Asmodeo. Así podríamos seguir de modo infinito. Te recomiendo que busques, hay muchos libros sobre el tema, en especial el *"Liber 777"* de Aleister Crowley. Pero sin lugar a dudas, esta información te servirá tanto para tus hechizos como también para ceremonias más complejas o avanzadas.

-Maldiciones y maleficios: este tipo de magia siempre es un punto de controversia, ya que hay muchos mitos alrededor. Ejecutar una maldición no es algo que en sí mismo esté mal o bien, la magia draconiana no tiene restricciones morales, y en algunos casos es necesario emplear estas técnicas. Algunas veces es por práctica, si bien puede ser algo extraño ponerlo en estos términos, es algo viable que tarde o temprano debemos pasar. Sin embargo, hay algunas cosas que debemos tener en cuenta a la hora de ejecutar este tipo de prácticas, la primera es la culpa, si decides ejecutar un maleficio contra alguien, nunca se debe de mirar atrás, es decir que no debería importante si la víctima termina de un mal modo. Si tu moral personal o tus valores no te permiten realizar esto, mi recomendación es que no lo hagas e incluso que reveas si este sendero es para vos. Esto no significa que hay por el mundo ejecutando maleficios porque sí, tiene que haber un sentido. Por el otro lado, siempre debes de tener en cuenta que si ejecutas un maleficio contra otra mago y este lo detecta, es muy factible que tengas un devolución o un contraataque, por lo tanto debes de estar bien preparado. Esta forma de magia, requiere de mucha madurez y como digo, no se lo debe de tomar a la ligera. Siempre debe de haber una razón real o un motivo, y antes de tomar la decisión, deberías entrenar tus habilidades y haber puesto en práctica otro tipo de rituales. De todos modos, te recomiendo leer un libro sobre el tema que a mi criterio es muy informativo y explica muy bien estas formas de magia: *Curses, Hexes & Crossing: A Magician's Guide to Execration Magick* de S.Connolly.

El Uso de la Sangre y los Sacrificios

El uso de la sangre en los rituales, es un tema de mucho debate y controversia dentro de muchas escuelas del Sendero de la Mano Izquierda, y algo complejo que todos nos pongamos de acuerdo, sucede lo mismo con el tema de los sacrificios, pero vayamos punto a la vez. Dentro de la magia draconiana, es frecuente en los rituales se derramen algunas gotas de sangre sobre los sigilos, o sobre la daga, esto tiene su origen en el mito de la creación Sumerio-Babilónico, que explica que el hombre nació de la Sangre de Kingu, el consorte de Tiamat, por lo tanto, en todos nosotros hay un gen sanguíneo que heredamos de los dioses ancestrales. Entonces, siguiendo esta idea, nos inspiramos en este mito, considerando que en nuestra sangre habita el poder del Dragón. Esto en términos prácticos, nos permite fácilmente abrir diferentes portales astrales hacia las corrientes de las divinidades que estemos buscando trabajar. Si bien está es la explicación más mágica, también hay una puramente psicológica que también aplica a la hora del ritual. Derramar nuestra sangre para un acto mágico, de por sí puede suponer, al menos para la mayoría de las personas, la transgresión de un tabú, esto crea en nuestra mente una completo acceso a aquellas partes de nuestro ser que están bloqueadas y que son las que se tienen que activar para lograr buenos resultados en el medio de un ritual. Además de esto, derramar sangre, también puede ser un símbolo de devoción, algo que ofrendamos en agradecimiento a la divinidad que estemos convocando.

En muchos rituales, sobre todo cuando hay una mujer presente, se puede emplear la sangre menstrual como sustituto, esto tiene un enorme poder, ya que naturalmente está conectado con los flujos de la luna, y tiene un enorme conexión con la noche, y las divinidades femeninas que allí rigen, el ejemplo más claro sería Lilith. Sin embargo, esto no siempre es posible o no se puede aplicar a cualquier ritual, y habría que verlo situación por situación, por lo tanto, ante la duda, siempre hay que apelar a la intuición y ver si esto es algo que fluye natural en el ritual o no.

Por el otro lado, cuando empleamos nuestra sangre en medio de un ritual, no es necesario lastimarnos, un pequeño corte o pinchazo en el dedo será suficiente, no es la cantidad de sangre que derramemos en el ritual lo importante, sino el sentido y el significado que le demos a esto y el acto de voluntad detrás. A su mismo tiempo, la sangre puede ser sustituida por otros elementos, fluidos sexuales, saliva, o elementos más simbólicos, vino tinto, leche, etc. Aquí lo importan, una vez más, es el valor que nosotros le demos a esto y que tan cómodos nos sintamos con lo que estamos haciendo, y bajo ningún punto esto debería representar o ser una obligación, sino un acto que hacemos bajo nuestra propia voluntad y porque así lo hemos decidido, si no estás convencido de hacerlo, lo mejor es no realizarlo y simplemente dejarlo para más adelante, para cuando creamos que estamos preparados.

Otro punto de extrema controversia y mucho oscurantismo, es el tema de los sacrificios, aquí nos deberíamos olvidar de lo que vemos en las películas o la fantasías que podemos encontrar por la red. Primero que nada, hay muchos tipos de sacrificios diferentes en el sendero, el primero y a mi criterio, el más importante, es el auto-sacrificio, pero debemos de entender esto como un proceso natural de crecimiento personal en el sendero y que se va dando con cada proceso iniciático que vamos haciendo. Esto tiene que ver con aspectos del yo que van muriendo para dar paso a nuevos y renovados estados del ser. Es un auto-sacrificio, ya que somos nosotros quienes lo generamos, y esto en muchos casos los hacemos cuando invitamos a nuestras divinidades a que nos enseñen a crecer. Esto, muchas veces, toma la forma de perdidas, de alejamientos, de desinterés por cosas que antes sentíamos que eran importante, o incluso tiene que ver también con trascender barreras y tabúes personales. Esto represente un cambio en nuestro ser, que nos permite crecer y evolucionar, y que no se debe de tomar como algo negativo, sino que debemos aprender a ver la enseñanza que hay detrás.

Otro tipo de sacrificio, puede ser un acto simbólico que realizamos en agradecimiento o porque estamos buscando conseguir algo, ejemplos de esto puede ser la abstinencia sexual durante un tiempo prolongado hasta conseguir los efectos deseados, y cuando se logra, se puede realizar un sacrificio sexual en agradecimiento por lo logrado.

Finalmente, tenemos el tipo de sacrificio que más controversia y con más fantasía a su alrededor, el animal y el humano. Sacrificar un animal para un ritual, genera una atmosfera peculiar, no necesariamente positiva o negativa, que dentro de la magia moderna es cada vez menos usada. Sin embargo, en ciertas religiones, sobre todos aquellas con bases en raíces africanas, es algo común, pero acá no estamos hablando de religión sino de magia, entonces no podemos tomar esto como base. Hoy por hoy, no veo la necesidad de hacer un sacrificio de un animal para un ritual, pero no quiere decir que no se puede hacer, siempre y cuando se sepa lo que se está haciendo. En el caso de que algo así pasé, se supone que debería ser un acto devocional para una divinidad patrona, que se debe de realizar en una fecha especial, en donde el animal debería sufrir lo menos posible y el mismo luego se debería consumir en una comida o festín. Sin embargo, no recomiendo entrar en este tipo de prácticas, no considero que en el sendero draconiano tenga mucho que aportar, y los efectos por hacer algo así si no se sabe lo que se está haciendo son riesgosos a nivel astral y honestamente poco útiles, sin embargo, esto queda a consideración personal de cada uno.

El sacrificio humano, creo que esto pertenece más al plano de la fantasía y el cine de horror que a la realidad, absolutamente desaconsejado para todos, ya que es cruzar una línea entre la cordura y la demencia de la que ya no se puede volver, sin mencionar los problemas legales. Honestamente y más allá de los mitos que he leído, considero que ninguna sociedad ocultista moderna, seria y en sus cabales realice este tipo de prácticas, por más oscura que esta pueda ser. Sin embargo, hay algo que son los sacrificios astrales, que son prácticas muy avanzadas en el sendero y con ciertas divinidades, lo que representaría una suerte de vampirismo astral, en donde la "víctima" es consumida lentamente, lo que muchas veces tiene efectos en el plano físico. Como mencioné antes, esto es una práctica avanzada, que se puede realizar en casos muy específicos que por lo general, se recibe instrucciones concretas de las divinidades sobre las formulas que se aplican para tal fin. No es una obligación, y puede que estés toda tu vida en este sendero y jamás recibas tal tipo de instrucción o te puede pasar en algún punto de la iniciación, por lo tanto ten la mente abierta y los pies sobre la tierra.

El Árbol de las Sombras

l Árbol de las Sombras y su relación con la Tradición Draconiana parecen ser elementos que no pueden ser separados el uno del otro, aquí veremos qué hay de cierto en esto. Lo primero que tenemos que decir que la utilización del Qlipoth como mapa auto-iniciático es un paradigma moderno, iniciado varios años atrás por el famoso mago Kenneth Grant, y luego ampliado por diferentes magos, ordenes y círculos rituales de nuestros tiempos. Por lo tanto, la experiencia con el Qlipoth es algo que no tiene una gran cantidad de registros, no al menos desde la antigüedad.

Existen una gran cantidad de teorías que explican el funcionamiento del Qlipoth, y hay que decir que ninguna es correcta o incorrecta, ya que todo depende de la experiencia personal. Algunas ordenes esotéricas han empleado los Qlipoth a modo simbólico, para designar grados y títulos que el iniciado alcanza luego de pasar por determinados entrenamientos. Sin embargo, eso es solo una lado muy superficial y algo estéril para su utilización.

Desde un punto de vista metafísico, y ampliamente compartido por todos aquellos que seguimos la Tradición Draconiana, vemos el Árbol como un complejo mapa que nos permite ir paso a paso logrando la ascensión del espíritu, de este modo y tras un largo proceso auto-iniciático podremos ir despertando diferentes facultades espirituales y conseguir la auto-deificación.

Pero, ¿qué es el Árbol de las Sombras? no hay una única respuesta a lo que es, y ninguna es del todo incorrecta, cada mago que ha avanzado tiene sus propias respuestas, teorías y formas de percibir los Qlipoth. En mi experiencia, los Qlipoth son los aspectos adversos y oscuros de las estructuras cósmicas conocidas. Es decir, cada Qlipha (singular del Qlipoth) tiene un regencia planetaria, así van desde la Tierra hasta Plutón. A su vez, los Qlipoth están conectado por una red de infinitos túneles, conocidos como "Túneles de Set." Así, contamos con 11 Qlipoth (cascaras/conchas) y 22 Túneles, cada una gobernada por uno o más Dioses/Demonios con los que el iniciado contacta en su viaje para obtener su gnosis e ir progresando en el sendero de la auto-salvación.

Debido a que este es un paradigma moderno, es altamente experimental y las experiencias siempre son de carácter individual y única para cada viajero, debido a esto, muchas de las descripciones de lo que uno puede vivir allí son vagas o no son del todo claras en sus descripciones. Pero esto tiene una completa lógica, en la búsqueda por la auto-deificación, el mapa no puede ser igual para todos, ya que cada uno de nosotros somos único en nuestra condición, cada uno tenemos un bagaje diferente, una educación diferente y un deseo diferente. Por lo tanto, no todos debemos aprender lo mismo, si bien pueden haber experiencias en común, nunca una será igual a la otra y cada mago deberá aprender a decodificar aquello que recibe del Otro Lado. Siguiendo esta línea de pensamiento, la individualidad del proceso cobra una fuerza total, por lo tanto no podemos esperar que alguien nos lleve de la mano a descubrir nuestro potencial, mucho menos que nos conduzcan a la auto-salvación. Este camino fue, es y será solitario, son los Dioses, Demonios y otros Espíritus, aquellos que allí nos encontramos, quienes con el tiempo, nos guiarán en esta travesía y serán nuestros aliados y mentores.

Si bien cada mago debe de desarrollar sus técnicas para el viaje por el Árbol de las Sombras, hay elementos comunes y que están siempre presentes, los viajes astrales a los diferentes reinos Qliphoticos, el trabajo con sueños lucidos, rituales de invocación y evocación, meditación y el uso tanto de la magia sexual como sanguínea. El Qlipoth como la Tradición Draconiana, buscan un contacto directo, sin barreras, invitando a las fuerzas del Otro Lado a que se manifiesten en nuestra conciencia. Aunque hay que aclarar que esto no es una tarea fácil y requiere de mucha voluntad. Una persona sin la preparación adecuada, suele tener un viaje muy nefasto, ya que los cambios no demoran en comenzar a afectar su vida cotidiana, muchas veces en un sentido destructivo. La persona sin experiencia, no sabe lo que sucede, y tampoco comprende cómo manejar el cambio, lo que genera en vez de una experiencia grata, algo nefasto. Sin embargo, hay que comprender que sin cambio, no hay iniciación, si tras sumergirnos en la profundidades del Qlipoth, no pasa nada en nuestras vidas/conciencia, solo habremos vivido una fantasía. El Qlipoth se trata de romper con las falsas seguridad, y adentrarnos en la más profunda oscuridad, solo así podremos llegar a nuestro potencial divino y volvernos dioses.

El Árbol de las Sombras es un mapa que nos pude ayudar en la búsqueda de la auto-deificación, sin embargo, no hay una obligación en usarlo. Es importante dejar esto en claro, ya que la tradición draconiana y la magia Qliphotica van de la mano de un modo natural, no quiere decir que deba de ser así para todos. Pero hay que tener en cuenta que el Caos Primigenio es muy vasto, y un mapa se vuelve una necesidad si en verdad queremos seguir un camino iniciático y no ser simples diletantes. Por supuesto que es posible considerar otras opciones, otros mapas, o incluso comenzar a trazar el propio, aunque esto demanda de una gran experiencia en la magia y en la tradición en general, y antes de aventurarte a crear tu propio mapa iniciático, es recomendable emplear alguno ya probado y usado por otros.

Concluyendo, el Qlipoth puede, y de hecho es, un interesante mapa que nos puede permitir alcanzar lo peldaños más alto de la iniciación, pero demanda de una gran voluntad, de conocimiento previo en la magia para poder ser usado de modo correcto y no auto-destruirse, un trabajo sistemático y una mente abierta al cambio, la gnosis y el progreso. Si en algún punto de tu trabajo en el Sendero del Dragón sentís el llamado del Qlipoth, te espera un maravillo pero arduo trabajo por delante. Sin sacrificio no hay deificación...

La Auto-Deificación

uizás, uno de los conceptos más llamativos, y con más interpretaciones dentro de este sendero, es la auto-deificación. No hay una visión lineal y única de lo que representa alcanzar este estado, para algunos simplemente es un estado mental, y una forma de manejarse en la realidad cotidiana, para otros es una concepto más bien filosófico, pero para otros es un estado místico casi imposible de describir con palabras.

En mi entendimiento, todo esto y mucho más puede ser la auto-deificación, ya que lo primero que debemos comprender es que cada iniciado, pude comprender la divinidad de un modo diferente, por lo tanto no hay una obligación de que todos comprendamos este concepto del mismo modo. Quizás uno de los ejemplos más conocidos, es el mito de Lilith dentro del Talmud, allí Lilith fue la primera espesa de Adam, creada del barro al igual que su consorte. Cuando Lilith decide salir del Edén dejando atrás las amenazas de Dios (YAVHE) y de su consorte, comienza su nueva dentro de las Cavernas del Mar Rojo, junto a Samael y otros demonios que allí residían, convirtiéndose de una simple humana en una divinidad. Siguiendo este mito, solo aquel que abandone la falsa seguridad de la luz y entre en la oscuridad será capaz de alcanzar la divinidad. Un poco más adelante y siguiente también la leyendas bíblicas, fue la Serpiente (Satán, Samael, o Lilith) quien tentó a Adam y Eva a probar del Fruto Prohibido del Conocimiento (el Qlipoth) y de este modo despertar y volverse como Dios.

Hay una gran cantidad de leyendas y mitos de héroes y/o humanos que dan un paso más allá en su evolución personal y se transforman en algo más que simples mortales. Cada una de estas leyendas puede ser una fuente de inspiración para un mago creativo, quien podrá hacer uso de las mismas para sus rituales personales en está búsqueda de la divinidad interior.

En todo ser humano existe el legado de la Serpiente/Dragón, de acuerdo al mito Babilónico del Creación (Enûma Elish), el mundo fue creado del cuerpo de la Diosa Dragón Tiamat, mientras que el hombre fue creado de la Sangre de su consorte, el Dios-Demonio Kingu. De este modo, podemos decir que dentro de todos nosotros reside una chispa divina, un linaje ancestral que puede ser despertado por medio de una proceso iniciático.

Pero más allá de los mitos y las leyendas, el Sendero Draconiano es parte de la Mano Izquierda, y este es una de las columnas de creencias de esta tradición. Esta búsqueda está llena de desafíos y ordalías, el conocimiento y el poder siempre vienen acompañados de una enseñanza. Este es un proceso solitario y personal, aquí no hay maestros, ni mentores, no vendrá nadie con una fórmula para lograr la deificación, porque tal cosa no existe. Aquel que en verdad tenga la Voluntad, la Determinación y la Pasión, podrá alcanzar dicho estado.

La auto-deificación no viene con títulos ni diplomas, no es un ritual que uno realiza en tal o cual momento, no es algo de lo que haremos ostentación ni alarde. Es un largo y arduo proceso de auto-conocimiento, es trascender los límites de la imaginación, del tiempo y la realidad como la conocemos, es ser completamente responsables de nuestras acciones y de sus consecuencias, es modificar a voluntad nuestra realidad, y ser capaces de crear nuestros propios universos. Todo esto y mucho más es la auto-deificación. Por lo tanto, solo a través de tu esfuerzo será posible que la alcances y cuando lo hayas logrado, el viaje recién habrá comenzado...

La Serpiente y el Dragón

 anto la figura de la Serpiente como del Dragón son dos criaturas esenciales dentro de esta tradición, esto no debería ser algo nuevo. Sin embargo, es posible interpretar a ambas en una gran variedad de formas. Cuando hablamos del Dragón, no hablamos de una criatura o dios en particular, sino que hacemos referencia a la fuerza primordial del caos primigenio, aquella fuerza creadora y destructora que dio origen a todo, y ese todo incluye a los dioses y demás fuerzas que forman el mundo espiritual. Una de las concepciones más manejadas por todos los iniciados, que el Dragón puede ser comparado con el Útero y la Matriz del Universo, una fuerza femenina, salvaje e indómita. El Dragón Primordial y su esencia, se ha manifestado a lo largo de la historia y en todas las mitologías del mundo, sin embargo, está fuerza no siempre encarna a una divinidad femenina, algunas veces es masculina como el caso Apofis del antiguo Egipto, o el Ouroboros, que es una fuerza hermafrodita. Con esto podemos aseverar que la fuerza del Dragón lo contiene todo y está más allá de cualquier polaridad. Es interesante mencionar también, que la fuerza del Dragón no solo se manifiesta en diferentes divinidades, sino también lo hace en la fuerza salvaje de la naturaleza, en los vientos tempestivos, en los rayos y las tormentas, en las olas del mar, los terremotos y los tsunamis.

Esta fuerza, se manifiesta tanto fuera del iniciado como dentro del mismo. Todo aquel que aspira a ser un mago draconiano, deberá primero aprender a despertar está fuerza dentro de sí mismo. Aquí es donde cobra una especial importancia la figura de la Serpiente, quien al igual que el Dragón, tiene una gran variedad de asociaciones y manifestaciones, que van desde las más terribles y destructivas, pasando por cualidades protectoras y de sabiduría.

Tanto para la tradición draconiana, como para el Tantra de Oriente, en todo hombre descansa dormida una serpiente de fuego, más conocida como Kundalini. Aquí no entraré en detalles de lo que dice las tradiciones orientales al respecto, porque considero que no es menester de este libro, y por el otro lado, el iniciado draconiano emplea formas modernas y occidentales para trabajar con esta fuerza. Cuando el iniciado logra despertar a la serpiente, la misma va ascendiendo y activando cada chakra, despertando así las capacidades psíquico-espirituales del mago.

Pero la Serpiente también se manifiesta por fuera del iniciado, y en muchos casos tiene grandes cualidades que el mago pude adquirir y aprender para su progreso personal. La serpiente como divinidad es mutable, cambia y se transforma, ella puede manifestar su presencia aquí en la tierra, pero también en el agua, y cuando es alada en los espacios más sutiles, es la encargada de unificar los diferentes planos: el material, el astral, el mental y el estelar. Su venenos puede ser una arma letal, o un elemento de protección, gracias al mismo, podemos disolver el velo que separa las realidades y ver más allá de la ilusión. A su vez, es un símbolo de poder, tentación y sexualidad, por lo que se la asocia tanto como el/la iniciadora oscura, como aquella que tienta con poder y conocimiento.

El iniciado draconiano, trabaja de modo activo para despertar y aprender del poder tanto de la serpiente como del dragón, usando dichos fuerzas en sus rituales personales. El mago draconiano, no teme convocar estas fuerzas en su templo de carne, fundiendo su conciencia con la de la fuerza convocada, convirtiéndose en una vasija viva de dicha corriente, y despertando tu potencial divino.

Magia Astral y Onírica

 l plano astral es un reino infinito, al que se el mago puede acceder por medio de su imaginación, y aquí es cuando la capacidad de visualizar cobra un papel esencial dentro del trabajo mágico, y es algo que cualquier aspirante debería tomarse de modo serio.

En un sentido general, luego del plano material en el que nos encontramos, se podría decir, que se encuentra el astral, este mundo está compuesto de emociones, fantasías, imaginación, y deseos. Por lo tanto, dentro del plano astral, podemos encontrarnos con cualquier cosa, desde lo más simple hasta lo más complejo, desde reinos de fantasía, pasando por espacios retorcidos y oscuros. Allí encontramos a las divinidades y otros espíritus con las formas descriptas por los grimorios antiguos, pero también con aspectos que el hombre le ha dado a los dioses desde los inicios de los tiempos.

El plano astral tiene sus propias reglas, allí el tiempo y la física se comportan de un modo completamente diferente al que podemos tener acá, y solo eso hace que requiera tener la mente abierta para comprender las diferencias que existen. No hay un astral adecuado o inadecuado, allí todo es posible, y cuando digo todo es todo. No hay límites, solo la imaginación del mago. Es en el plano astral, en donde todos nuestros hechizos toman forma, para luego venir a manifestarse en plano material, y una vez más, la imaginación activa es un elemento esencial para toda practica que relacione con este plano.

A diferencia de lo que muchos creen, un viaje astral, se realiza mediante la proyección de la conciencia al cuerpo astral, dicho cuerpo es un vehículo que nos permite transportarnos hacia estos espacios. El viaje se realiza en un estado de profunda relajación, al borde del sueño, y se percibe con el ojo de la mente. No hay que confundir la proyección astral con el fenómeno de desdoblamiento, en donde la persona proyecta su conciencia al cuerpo sutil, y es capaz de ver su cuerpo físico mientras duerme, esto último sería lo más cercano a una experiencia cercana a la muerte, aunque esto es otra cosa, ampliamente documentada tanto en libros como en internet y no es menester de este capítulo discutirlas.

Una forma práctica de saber fehacientemente que hemos conseguido alcanzar el astral, es que a diferencia de la imaginación activa (nuestra llave hacia este plano), el astral tiene vida propia, uno puede interactuar con todo lo que hay allí, y cada elemento, entidad, espíritu, dios, demonio o lo que se que haya es independiente de nuestra imaginación, nosotros no tenemos control de lo que allí pasa, es autónomo.

Dominar el astral y su poder, es algo que nos puede llevar años de trabajo, quizás toda una vida, pero con el entrenamiento necesario, se pueden lograr grandes cosas en poco tiempo. Lo importante, es tener un trabajos sistémico y ordenado. Dentro de la tradición draconiana, el plano astral juega un papel preponderante, ya que para acceder a él y a su moradores, usamos una variedad de técnicas: meditación con símbolos, palabras de poder, ejercicios para inducir el trance, scrying con diversos objetos, evocaciones, proyecciones a diferentes reinos del astral, canalización y rituales de posesión, etc. Como podrás ver, es una de las partes centrales dentro del magia draconiana.

El otro elemento que tiene plena relación con todo lo dicho, es la magia onírica o de sueños. Quizás sea una de las cosas más complejas de lograr de todas, mucho más complejo que evocar o invocar. Es cierto que algunas personas tienen un talento natural para esto, pero la mayoría debemos entrenar mucho y hacer un trabajos sistemático para tener resultados. Cuando nos disponemos a dormir, es posible proyectar la conciencia al cuerpo astral, y mediante los sueños adentrarnos en el plano astral, realizar todo tipo de exploraciones, rituales, cambiar de forma, profetizar cosas, viajar a otros tiempos y realidades, o incluso resolver todo tipo de problemas, o hacer un viaje introspectivo que nos ayude a comprender esas porciones del yo que permanecen en las sombras.

El trabajo onírico, es altamente desgastante, suele generar mucho cansancio al día siguiente de hacerlo, pero con el paso del tiempo estos efectos suelen desaparecer.

El gran secreto de la magia onírica, es la constancia y la voluntad, para tener éxito es necesario llevar un diario de los sueños, en donde deberás anotar todo lo que hayas soñado día a día, no importa si es pequeño o grande el sueño, si recordas un detalle o nada, siempre tenes que tener un registro. Ni bien te despertar, antes de hacer nada, anotas lo que haya soñado, solo de este modo podrás obtener el acceso total al mundo de los sueños y despertar la habilidad del sueño lucido.

Más adelante, tendrás varios ejercicios que tienen que ver con el desarrollo de tus habilidades mágico-astrales, como oníricas. Recordá, el secretos es la voluntad, la constancia y la dedicación.

La Magia Sexual

 unto con el uso de la sangre en los rituales, la magia sexual es otro de los pilares fuertes de la tradición draconiana, y ambos casos, aún un tema que genera controversia, ya que no hay una visión totalitaria de cómo o cuando aplicar la magia sexual en medio de los rituales. No hay una única vía, ni un modo correcto de emplear la magia sexual, y va desde la abstinencia, hasta la compulsión, desde ritos auto-eróticos, pasando por rituales en pareja, rituales de magia sexual grupal, ritos sado-masoquistas, sin hacer mención que los mismos pueden ser conducidos por parejas heterosexuales, homosexual, bisexuales, etc. Por lo tanto, para poder comprender en su totalidad el poder de la magia sexual, es necesario tener la mente abierta, y considerar que es posible que haya que romper con algunos tabús personales para poder avanzar en la misma.

Frecuentemente, aquellos que trabajamos de modo activo con el Árbol del Qlipoth, es en Gamaliel y de la mano de Lilith y Samael, donde aprendemos los secretos tanto de la magia sanguínea como sexual. Ellos son nuestros mentores y maestros, quienes nos enseñan a elevar el espíritu por medio de ritos de placer. Tanto Lilith como Samael, nos enseñan a transformar el deseo biológico en deseo metafísico, y nos conducen por los laberintos más oscuros de la mente, en donde debemos de confrontar nuestros deseos más reprimidos y oscuros, transformando lo repúgnate y prohibido en algo placentero, pero fundamentalmente, como una herramienta para nuestra evolución mágico/espiritual. Vale la pena mencionar, que dentro del Qlipoth hay muchas instancias en donde la magia sexual se usa de modo activo, no solo en Gamaliel, sino en muchos Túneles, donde sirve de puerta de acceso a la gnosis. Formas mucho más avanzadas de magia sexual, las que incluyen prácticas sadomasoquistas, vienen de la mano de otro Demonio regente de otra Qlipha, Asmodeo, quien enseña el placer del dolor y el dolor del placer. Aquí el iniciado debe de trascender cualquier situación moral para poder avanzar y deberá confrontar aspectos complejos y entramados, para lo cual debe de estar previamente preparado.

Pero no nos vayamos tan lejos y vemos un poco las bases y los fundamentos de esto. El universo en el que nos encontramos es en esencia sexual, y eso mismo se refleja en el ser humano. El sexo es uno de los actos más primarios en el hombre, que se puede utilizar de muchos modos diferentes, desde la reproducción biológica, el placer y la satisfacción, o como un elemento poderoso dentro de nuestras prácticas mágicas. Sin embargo, hay muchas cosas que debemos tener en cuenta y tomar en consideración a la hora de hacer uso del sexo como herramienta, estás practicas no están libres de riesgos y es importante ser prolijos y adultos. La magia sexual puede ser empleada de modo solitario, a través de rituales auto-eróticos, o bien en pareja, pero si optamos está segunda opción, dichas prácticas no pueden ser realizadas con cualquier persona, y es muy conveniente realizarlas con personas que ya mantengamos una relación emocional/sexual. Los vínculos psíquico-espirituales que se crean a través de estos ritos son muy intensos, y hay muchos riesgos de sufrir obsesiones con el otro, o incluso sentirnos drenados energéticamente, sin mencionar los obvios riesgos de enfermedades propias que siempre se deben evitar por medio de los cuidados lógicos. Esto es aún mayor si hablamos de prácticas sexuales grupales, en donde hay que tener aún mucho más cuidado, nuevamente, cuidados físicos, pero también espirituales. Es muy complejo las practicas grupales ya que no todo el mundo tiene la madurez para tales prácticas, sin mencionar que hay personas que solo las emplean como una excusa para satisfacer sus propios deseos y fantasías. Por lo tanto, mi recomendación, a menos que tengas una amplia experiencia, es que comiences con tus practicas de magia sexual cuando te sientas listo para esto, primero de modo solitario y si en el transcurso de tu vida se presenta un compañero/a mágico con quien realizar dichas prácticas, pues adelante.

La magia sexual puede ser empleada de una gran cantidad de formas, y como he dicho antes, no hay modo lineal, correo o incorrecto de hacer uso de ella. En la parte práctica del libro, encontraras algunos ejercicios que te serán útiles.

Pero, parte de las cosas en las que las empleamos tiene que ver con lograr el trance, a través de la prolongación del orgasmo, o a través de la deprivación del mismo, también se emplea para consagrar y cargar energéticamente amuletos, talismanes, sigilos, pueden servir a modo de ofrenda, y como un condensador para que una divinidad se manifieste en nuestro plano de realidad (evocación), también puede ser útil para hacer ascender a nuestra serpiente/dragón interno y lograr estados místicos, y una larga lista más. Todo depende de la experiencia y como siempre, más avanzamos en sendero, más experimentamos, nuevos usos podemos encontrar.

Si bien la magia sexual es muy intensa, y sus resultados son muy concretos también, es importante no obsesionarse con la misma. Hay muchos magos que se pierden en esto, y cada practica que realizan, tienen un condimento sexual, lo cual hace que pierda su misterio y su sentido. Placer no es compulsión, aquí hay que tener un gran equilibrio, y hacer uso del sexo del modo correcto, como una vía mística, cuando de mística se trata, pero como una práctica natural y placentera dentro de los placeres carnales, que nada tiene que ver con la magia. De ahí la importancia del equilibrio y de separar una cosa de la otra. Si no sos capaz de disfrutar del sexo, y solo lo podes vincular con la magia, algo no está bien en lo que estás haciendo, eso es una posible alerta a tener en cuenta. La magia sexual suele hacernos experimentar placeres y sensaciones únicas, y esto nos debe de servir para nuestro empoderamiento personal. Ten siempre presente esto a la hora de introducirte en estas prácticas.

Símbolos y Palabras de Poder

n la magia en general, y en particular, en la tradición draconiana, tanto los símbolos (glifos, sigilos) y las palabras de poder tienen una tremenda importancia dentro de lo que hacemos. No me es posible aquí enumerar y enlistar cada símbolo o posible palabra de poder que uno puede encontrar o usar en un ritual, sin embargo, si propongo desarrollar su funcionalidad dentro de los rituales y como hacer uso de las mismas.

Debido a que la tradición draconiana es en esencia ecléctica, es posible que encontremos palabras, oraciones o frases en diversos lenguajes, que van desde los más antiguos, griegos, romanos, egipcios, cuneiforme, hasta lenguajes que no tienen un correlato con una civilización o pueblo en concreto, sino que pueden tener orígenes místicos, tales como el enoquiano, o simplemente son barbáricos, es decir que no tienen un origen preciso y fueron recibidos en un ritual, canalización o inspiración.

Dentro de nuestro templo, en nuestro espacio mágico, la palabra tiene un tremendo poder, y todo lo que allí afirmemos tendrá, de un modo u otro, algún impacto, es por eso que es importante cuando escribimos nuestros rituales, tener en cuenta lo que ponemos, y esto incluye la utilización de rituales de otros. Por ejemplo, si en medio de un ritual afirmamos cosas tales como: *"que tu veneno destruya mi realidad, quebrando todo lo que tomo como verdad"* luego no nos podemos asustar, enojar o quejar porque en nuestra vida cotidiana las cosas se han hecho añicos. Después de todo, somos nosotros los que hicimos dicha afirmación, y luego hay que ser responsable por las consecuencias. La magia tiene sus trucos, y la hora de un ritual, bien sea que lo estemos escribiendo nosotros, o lo hayamos tomando de otro mago, hay que analizar palabra por palabra, y si hay algo que no nos convence, simplemente cambiarlo, no importa si el texto con la explicación dice lo contrario, aquí debe de prevalecer la intuición por sobre cualquier cosa.

Algo similar sucede con el lenguaje barbárico o un ritual escrito en una lengua que no conocemos. No es responsable de nuestra parte simplemente recitar algo porque suena bien, debemos conocer su origen, debemos saber lo que quiere decir, sino no podemos saber a qué energías estamos invitando a nuestra vida, y una vez más, las consecuencias pueden ser muy negativas. Este no es un sendero para ciegos, ni para personas que no se atreven a seguir sus propios instintos. En mi experiencia, los grimorios, tanto antiguos como modernos, son muy interesantes, pero son una fuente de inspiración, no algo para tomar literal y al pie de la letra. A menos claro que ese ritual refleje justo el propósito de lo que quiero hacer en cuyo caso, la adaptación será mínima.

Algo similar a lo antes descrito, sucede con los símbolos, dentro de la tradición draconiana, hay símbolos que uno ve en casi todos los sellos, ojos, tridentes, vulvas, lunas, cráneos, huesos, serpientes, dragones, calaveras, pentaculo, fuego, alas, triángulos, gemas, etc. Todos estos sin símbolos fáciles de reconocer, porque aparecen una y otra vez, y es algo que forma parte del folclore draconiano. El uso del símbolo, supone ser una llave para que nuestra mente se logre ajustar a las energías que queremos convocar, también pueden ser puertas que nos permiten viajar a determinadas regiones del astral o al reino de tal o cual entidad. Estos sigilos, suelen ser cargados y activados a través del uso de la sangre y en algunos casos fluidos sexuales. Como en el caos anterior, es conveniente que antes de emplear los mismos en tus rituales, comprendas el significado de cada uno de los símbolos. Aquí la intuición juega un papel esencial. Cabe señalar, que ningún símbolo empleado dentro de la tradición draconiana tiene miles de años, son diseños modernos, que recibimos inspiración de nuestros rituales personales para realizarlos, los hay más ornamentados y otros más simples, pero son representaciones modernas que vos también podes realizar, modificar y cargar con tu impronta personal. Es el poder que vos le otorgues al símbolo lo que al fin y al cabo representará el mismo.

Entonces, a la hora de un ritual, ten en cuenta el poder de la palabra, y el poder del símbolo, no tengas miedo en modificar aquello que creas que tengas que hacer. Ningún ritual o símbolo tiene poder en sí mismo, no hasta que vos le hayas dado tu impronta personal, y en el sendero draconiano, no hay dogmas ni verdades totales, el viaje y la experiencia personal es lo que cuenta, y si no somos capaces de adaptar un ritual a nuestras necesidades y visiones del sendero, no seremos capaces de tener un verdadero despertar espiritual y muchos menos de alcanzar la auto deificación. Se osado y creativo en tus practicas.

Personalidad Mágica

omo futuros magos, es importante diferenciar la realidad cotidiana, mundana y de todos los días, de nuestro mundo mágico y espiritual, si bien es cierto que muchas veces los mundos se mezclan, es importante tener y desarrollar una personalidad mágica. Así como cuando nacemos, nuestros padres nos dan un nombre, y con eso vamos construyendo una personalidad por la cual la sociedad nos conoce, lo mismo debemos hacer con la magia. Dentro del sendero, somos nosotros quienes vamos a elegir nuestro nombre. Esto es lo que nos irá definiendo como magos, con dicho nombre, iremos creando una suerte de avatar, y con el mismo una nueva personalidad. Es tan importante nuestro nombre mágico, que lo usamos en casi todos los rituales, y cada vez que lo empleamos, le damos fuerza y poder.

A la hora de elegir nuestro nombre, hay varias cosas que debemos tener en cuenta, y tomarnos el tiempo que sea necesario, ya que si bien luego lo podremos ir modificando o cambiando, nuestro primer nombre va a decir mucho de nosotros. Lo que hay que tomar en cuenta, que nuestro nombre mágico deberá reflejar aquellas cualidades que queremos adquirir como magos, y es lo que hará que afiancemos nuestra relación con nuestro *Daimon*. Por esto, es importante elegir nombres que reflejen esto por un lado, pero que a su vez, tanga sentido. No es que esté mal, pero podríamos decir que es un poco capcioso elegir como nombre mágico: Lilith, Lucifer, Naamah, Belial, Leviatán, etc.

Es perfectamente comprensible que sintamos afinidad con tal o cual divinidad, o incluso que en el futuro se transforme en nuestra deidad patrona, pero llamarnos a nosotros mismos como ellos, no tiene demasiado sentido. Imaginemos por un momento, que elegimos como nombre mágico "*Lilith-Nox*" y a la hora de un ritual de invocación tenemos la siguiente oración: "*Yo (nombre mágico: Lilith-Nox", te llamo Lilith y te invito a este templo de carne.*" Como verán, suena raro, porque al final, ¿a quién estamos llamado? a Lilith como divinidad o ¿a nuestra personalidad.?

El modo simple de resolver esto es la siguiente, supongamos que admiramos a Lilith, y nos sentimos identificados con ella y se transforma en nuestra divinidad matrona, y queremos desarrollar una personalidad mágica basado en características o poderes atribuidos a la Diosa. Lo que debemos hacer es buscar sus atributos, ver con cuales nos sentimos identificados. Podemos hacer una lista de ellos y de ahí y con los atributos crear algo nuevo, algo único, algo que nos identifique. En el ejemplo anterior, "Lilith-Nox" podemos usar la palabra Nox como parte de nuestro nombre mágico, que si bien refiere la Noche Primordial, aspectos asociado a Lilith también. Entonces si hablamos de una practicante femenina, el nombre podría ser *Daemonia Nox*. Esto es solo un ejemplo ilustrativo de lo que se puede llegar a hacer. También el nombre pude venir en una meditación, sueños, o incluso ser revelado por una divinidad.

Finalmente, y para ilustrar un poco más como es que funciona la personalidad mágica, les contaré como es que escogí mi nombre. La primera parte: Daemon, hace referencia una vez más a mi Daimon personal, y a su vez a mi personalidad mágica, y Barzai lo elegí por una de mis grandes pasiones, y parte de mi panteón mágico personal, son los Dioses del Necronomicon. Existe un cuento llamado "*Los Otros Dioses*" en donde Barzai es conocido como el Sabio, quien subió a la montaña prohibida para los hombres, y vio como danzaban los Grandes Antiguos. Para mí la historia reflejaba muchas atributos que quería adquirir, la sabiduría, el conocimiento prohibido, y reflejaba mi pasión los por los Dioses del Necronomicon. Como podrán ver, hay una gran variedad de formas de escoger nuestro nombre mágico e ir forjando nuestra personalidad oculta, y este será uno de los primeros pasos que deberán dar antes de poder avanzar a la iniciación. Es fundamental ser sabio y elegir con precaución, ya que nuestro nombre nos acompañara y nos definirá mucho en nuestra tarea mágica.

Antes de Comenzar

 ntes de comenzar con el entrenamiento y pensar en hacer de este un sendero personal e iniciático, todo aspirante a mago debe de tener en cuenta varias cosas. El sendero exige mucha auto-disciplina, ya que transitaremos este viaje de modo solitario, no tendremos a alguien que nos diga que es lo que no hay que hacer, depende enteramente de nosotros, no habrá un mentor que nos este marcando un ritmo, sino que dependerá de nuestro compromiso para con todo esto. Esto no se puede hacer solo cuando tenemos un tiempo libre o siquiera tomarlo como un pasatiempo para matar el aburrimiento, el trabajo que se hace con este sendero es diario, no hay excusas ni pretextos, ya que de esto depende el avance real.

Este sendero no es para ocultista teóricos, es para magos activos que quieran hacer, hacer y seguir haciendo. Si bien en este sendero se avanza muy rápido y lo que en otras formas de magia se consigue después de muchos años, acá las cosas son más inmediatas, pero al mismo tiempo más peligrosas ya que el contacto con las fuerzas del Otro Lado es sin barreras y de un modo directo, lo que puede ser una experiencia dura para una mente no preparada. Es fundamental tener esto en cuenta antes de comenzar con un entrenamiento formal, ya que una vez que la Corriente Draconiana comienza a fluir en la vida del iniciado, ya no se puede volver atrás, no habrá modo de cerrar dichas puertas y no habrá lugar para los arrepentimientos.

Debido a que el sendero es tan dinámico, y en algún punto algo caótico, siempre debemos hacer las cosas de un modo ordenado, paso a paso, luego habrá tiempo para experimentar con aspectos avanzados y avanzar en proyectos personales, pero hasta que esto suceda, deberías enfocarte en los aspectos básicos, en un entrenamiento que te permitirá llegar lejos si lo haces del modos adecuado, al tiempo que te permitirá hacer una auto-evaluación para ver si en verdad esto es lo que realmente quieres hacer.

En algún punto, el entrenamiento en el sendero draconiano no varía de otras tradiciones mágicas, sin embargo aquí no se le da mayor importancia a los aspectos ceremoniales, es decir que no habrá rituales extremadamente ortodoxos, en donde es preciso confeccionar talismanes en cierto metal en un día determinado y a un horario determinado, esto es más libre y sin dogmas. Esto tiene que ver con que el sendero está conectado con los misterios lunares en gran medida, y aquí hay que comprender que no estoy hablando del satélite, sino que hago referencia a todos los aspectos conectados con la intuición, los sueños, la brujería, la oscuridad de la noche, los demonios femeninos, o en otras palabras, el inconsciente y el viaje introspectivo. Si bien hay muchos elementos masculinos que hace de balance en el sendero, las fuerzas que gobiernan son primigenias muchas conectadas con los misterios femeninos. En gran parte, esto explica los motivos por los cuales, el sendero no tiene esos aspectos rígidos y en algunos casos poco prácticos. Sin embargo, esto no debería ser un impedimento para aquellos que les guste trabajar de un modo más ceremonial, si bien no es así como trabaja el sendero, después de todo esto es algo personal y cada uno puede y debe buscar los mejores métodos y formas que lo pongan en contacto con las fuerzas del Otros Lado para realizar el viaje por los Reinos de la Noche.

Algo que hay que siempre tratar de tener es un buen balance físico, psíquico y espiritual y cuando hablo de balance me refiero a equilibrio, ya que el trabajo con el sendero nos expone a otras realidades, diferentes a las que vivimos todos los días, nos permite viajar al interior de nuestra propia oscuridad, a nuestro inconsciente como también a otras realidades que no están dentro nuestro, sino más allá del plano mundano. Todo mago o aspirante a mago, debe tener bien resuelto su vida personal como su vida espiritual, de no ser así, es lo primero que debería buscar. Haciendo esto, se evita caer en las trampas de la ilusión y el delirio místico, algo de lo que muchas veces no se vuelve.

Un mago real, que tiene poder, no ostenta con el mismo, sino que hace uso de eso para su beneficio personal, tanto espiritual como material, pero no se anuncia ni se ve como un ser perfecto o el mesías de tal o cual dios, aquel que lo hace, simplemente estará viviendo una fantasía o en el peor de los casos será un megalomaniaco, que cree tener un poder que no tiene. Siempre hay que recordar y tener en cuenta que mientras estemos en este plano de existencia, no importa cuán avanzado estemos en el sendero, seguimos siendo seres humanos, con todo lo que esto implica, con las limitaciones que todos y cada uno de nosotros tenemos. Nadie alcanzo una real auto-deificación, no al menos en el sentido místico de la palabra y aquel que diga lo contrario, simplemente es un mentiroso o un fantasioso.

Pensemos en lo siguiente, si no podemos tener equilibrio en nuestra vida diaria, y no podemos lidiar con las cosas diarias de la vida, comer, tener un lugar en donde vivir, amigos que nos rodeen, una vida social, un trabajo digno, pues algo estamos haciendo mal. El sendero también forma parte de nuestra vida cotidiana, y podemos y de hecho debemos hacer uso del poder que nos otorga para ir solucionando aquellas cosas que nos falten, de este modo podemos ir avanzado a la par con lo espiritual, ya que las preocupaciones de todos los días no serán un impedimento para poder trabajar con lo espiritual. Sin embargo, tener en equilibrio las cosas, no quiere decir que porque transitemos este sendero, de la noche a la mañana nuestra vida cambiará y de golpe nos volveremos ricos, famosos y estaremos rodeados de glamur. El sendero nos puede ayudar a que desarrollemos nuestros potenciales y que a través de lo que realmente somos buenos, ir progresando en nuestra vida diaria. Entonces, el equilibrio entre ambos mundos será algo que nos permita el progreso real. Imaginemos por unos momentos que solo nos enfocamos en el mundo espiritual, y solo hacemos eso, corremos el riesgo de permanecer más tiempo en el Otro Lado más que en este, lo que puede termina en un alineamiento, dejando al mago aislado de la realidad diaria, y esto puede traer como consecuencia graves problemas mentales. Esto se puede evitar de modo simple y siendo responsables con nosotros mismos, buscando un elemento que nos mantenga en tierra, busca un pasatiempo que no esté relacionado con la magia, aprende algo nuevo, haz un curso, estudia algo que tenga que ver con la lógica, algo pragmático, puede ser cualquier cosa que te sientas a gusto, ve al cine, reúnete con amigos, visita a la familia, tene una mascota, en fin las opciones son muchas, pero debe de ser algo que te mantenga con pie en esta realidad.

Pero para que esto último no suene contradictorio y no queden espacios ambiguos en el medio, cuando digo que el trabajo es diario, es porque así es, uno no puede hacer magia una vez y luego que pasen semanas sin hacer nada, pero en el medio, uno se puede tomar algunos días libres como para descansar, despejar la mente y simplemente ocuparnos de las cosas de todos los días. Esto también es importante, ya que muchas veces el trabajo con el sendero puede y de hecho lo es, abrumador, en este momento, hacer una pausa entre ritual y ritual, te servirá para equilibrarte energéticamente.

Antes de comenzar a pensar en iniciaciones, invocaciones, evocaciones o en trabajar con los diferentes aspectos del Dragón Primigenio, hay que dominar o al menos haber alcanzado un grado de éxito en prácticas mucho más básicas. Y con eso me refiero al entrenamiento que todo mago debe de saber y tener para lograr entrar en contacto con la Corriente del Dragón. Dicho entrenamiento debe comenzar del siguiente modo:

-Visualizaciones y uso de la imaginación visual: Comienzo con esto porque considero que es una de las habilidades más complejas de desarrollar para mucho, siendo que para otros es lo opuesto. Aprender a visualizar y ver a voluntad con el ojo de nuestra mente algo, es lo que nos permitirá luego poder tener experiencias reales en el plano astral y otros planos más "elevados". Todo aspirante a mago debe al menos trabajar diariamente en esta habilidad, simplemente cerrando sus ojos, relajando su cuerpo, colocado en una posición cómoda que al menos le permita estar tranquilo y sin interrupciones por quince minutos, en donde podrá enfocarse en un objeto simple, ejemplo: una manzana. El objetivo es que puedas ver y sentir la manzana como un objeto tridimensional, ver su color, sentir su textura, y hasta poder saborearla. Parece simple, pero realmente demanda de tiempo lograr en verdad esto. Este es un paso fundamental y no deberías pasarlo por alto, ya que si no sos capaz de ver una simple manzana en tu mente, te será imposible luego poder visualizar complejos escenarios que te conducirán hacía el plano astral. Comienza por trabajar con un sentido, pero luego agrégale los restantes, el del olfato, el gusto y el tacto. Si logras dominar esta técnica, lo que viene después te será muy simple y lograrás avances rápidos y concretos en este sendero.

-Mantener un registro escrito de los rituales y los sueños: mantener un registro por escrito de todo los que hacemos es sumamente útil, al principio las entradas serán cortas pero con el paso del tiempo irán creciendo de tamaño y a medida que vayamos evolucionando. Mantén dos registros por separado uno para los ritual y otro para los sueños, te será mucho más simple organizar la información. Coloca la fecha y el tipo de ritual que ha realizado, expresa de modo natural cuales fueron tus experiencias y sensaciones, esto te ayudará mucho en el futuro, tanto para aseverar como para negar y cambiar aspectos. Al tiempo, también te servirá para ver tu propia evolución. Estos registros son personales, no dejes que nadie más lo vea, ya que es el reflejo de algo intimo y que pertenece a tu vida mágica. En cuanto al registro de los sueños, requiere de una mayor disciplina de tu parte, ya que cada vez que te despiertes durante la noche y hayas soñado algo, deberías anotarlo. Llevar un diario onírico te servirá tanta para ir conociendo aspectos de tu propia mente, como también para recibir mensajes y experiencias astrales. Al igual que con el diario mágico, es personal y no se lo deberías estar mostrando a nadie.

-Guardar silencio: Algo que deberías siempre tener en tu mente, el silencio y el secreto de la práctica. Cuando te encuentres en medio de un proyecto mágico, o haciendo tal o cual ritual, no se lo cuentes a nadie. La magia tiene sus misterios y no se debe revelar a todo el mundo, debe permanecer lejos de los ojos del profano. Guardando silencio te evitaras varios problemas, la interferencia psíquica de otros, como sus opiniones. Sobre todo al principio y hasta que seas un mago formado, no andan divulgando lo que estás haciendo es fundamental, muchos no van a comprender lo que estás haciendo y te verás de modo innecesario expuesto a las críticas de otros. Por el otro lado, al no tener toda la formación necesaria, no sabrás de qué modo proceder, y fundamentalmente, en el sendero no hacemos proselitismo, no buscamos convencer a otros que se nos unan, esto es un sendero para algunos pocos y no para la masa, siempre hay que tener presente esto. Una vez que te formes, el mismo sendero te irá llevando para que puedas, de un modo u otro, exponer y expandir tu trabajo haciendo que llegue a otros. Sin embargo recuerda siempre que nadie enseña todo o revela todos los secretos.

Mantén un orden y una limpieza: como futuro mago, debes aprender a mantener un orden y una limpieza, tanto física como espiritual, tanto de tu cuerpo, que es el templo de la carne en donde los dioses realizarán una comunión contigo, como también debes mantener el orden y la limpieza en tu espacio de trabajo. Lo espiritual tiene que ser un reflejo de los físico. Como irás trabajando con distintas energías sutiles, es posible que algún momento te veas "contaminado" por energías bajas o sucias, es normal y nos pasa a todos, y menester saber cómo quitarnos dichas influencias para que no provoquen desequilibrios en nuestro campo energético. Para esto, en el Sendero Draconiano se emplean diferentes técnicas que van desde rituales específicos ha trabajos energéticos. Aquí no empleamos destierros o rituales que le son propios de la magia ceremonial, ya que son rituales solares y que no tienen el efecto deseado, nosotros no necesitamos expulsar a los dioses, demonios y espíritus con los que trabajamos, esto de hecho es visto como una gran falta de respeto. Sin embargo, hacer rituales de destierro quedará a consideración personal de cada uno.

-Aprende algún sistema adivinatorio: un mago que no sabe leer un oráculo, es igual que estar a ciegas en un cuarto con obstáculos. Aprender uno o más sistemas oraculares tiene montones de ventajas, primero te permite desarrollar tu intuición y habilidades psíquicas, además te permitirá, en muchos casos, entender el mecanismo de determinadas cosas que puedan estar pasando en tu realidad, como consecuencia de algún ritual o por situaciones de la vida. Te permitirá comprender mejor las tendencias del devenir y permitirá que tu mente se ajuste mejor a la comprensión de los símbolos.

-Aprende sobre simbolismo: debido a que los símbolos están presente en una gran cantidad de rituales, aprender su significado te abrirá la mente y te permitirá comprender lo que estás haciendo. Muchas veces, las experiencias con el Otro Lado son a través de elementos simbólicos figurativos, que si no se tiene una comprensión teórica de los mismos, llevará a que la experiencia sea confusa o que no tenga ningún sentido. Para aprender sobre esto, hay una gran cantidad de recursos, tanto virtuales como en papel, busca siempre una fuente responsable, y no lo primeros que encuentres por ahí dando vueltas.

-Lee y aprende sobre mitología antigua: debido a que el sendero se inspira en monstruos, dragones y serpientes que aparecen en las mitologías de todo el mundo, comprender la visión antropológica de esto es muy útil por varios motivos, el primero porque te va a permitir conocer más sobre esa divinidad, segundo que te permitirá comprender el origen de las cosas, y finalmente te puede servir para comprender cuando leas el trabajo de otro mago en que se baso o inspiró para dicho ritual. Todos en un punto o en otro, nos inspiramos en el algo, más allá de la gnosis personal y los mensajes o enseñanzas recibidas por las deidades, en algún punto debemos de haber leído o visto algo relacionado, es lo que nos da el puntapié inicial. Por el otro lado, saber sobre mitología puede ser una gran fuente de inspiración para cuando estemos listos para desarrollar nuestros propios rituales.

-Confía en vos mismo y en tu intuición: Si no somos capaces de creer y confiar que las experiencias que tenemos son genuinas, y en lo que nuestra intuición nos dice, nunca podremos avanzar. No siempre vamos a tener consenso con respecto a ciertas prácticas, puede ser que tu experiencia sea de un modo y la mía de otro, por más que estemos haciendo el mismo ritual o trabajando con la misma deidad. Esto tiene una explicación simple, todos tenemos que aprender algo diferente, no hay una verdad universal, sino pequeños fragmentos de verdades y verdades personales, que en muchos casos le sirven a otros y muchas veces no. Lo que importa es que te sirva a vos. Sin embargo, no confundas confianza con soberbia, todos estamos aprendiendo, no importa cuán avanzado estemos en el sendero, siempre hay algo más por aprender y ante todo, nadie tiene a los dioses atados, ni el absoluto control de la magia.

-Pon a prueba tus limites, conócete a ti mimo: todo aspirante a mago debe de conocer sus virtudes y sus debilidades. No todos seremos buenos en todas las áreas de la magia, así habrá gente con grandes capacidades en algunas cosas pero le costará mucho otras. Lo ideal es poner a prueba nuestros propios límites y buscar superarlos a través del entrenamiento y la práctica sistemática. Por el otro lado, este es un viaje introspectivo, por lo que conocerte a vos mismo es algo fundamental para poder progresar, siempre hay cosas que permanecen escondidas dentro de nuestro propio ser, algunas son repulsivas y pueden ser vistas como un tabú, pero es necesario asimilarlas y aceptarlas como parte de quien uno es realmente, si las negamos o reprimimos no nos será posible poder avanzar en el sendero de un modo real y efectivo.

Finalmente, si antes de comenzar con las prácticas del sendero sigues estos consejos, estoy seguro que lograrás progresar rápidamente, consiguiendo tener experiencias solidas, y lograrás avanzar en tu viaje iniciático en el redescubrimiento de tu divinidad interna.

Praxis

a tradición draconiana, es un noventa por ciento de práctica y un diez de teoría, aquí no hay espacios para debates infinitos y estériles, no existo algo así como un mago draconiano teórico. Aquí se tiene lo que se tiene que tener o no se es nada. Quizás estas palabras suenen algo radicales o extremas, pero es fundamental comprender que para trabajar con esta tradición, hay que estar dispuesto a ser prácticos, tener la mente abierta y experimentar, solo así se logran verdaderos resultados.

Este libro se escribió como una guía práctica, pero no es un manual rígido, cada ritual que encuentres los podes modificar o adaptar a tu gusto, tampoco acá vas encontrar todas las respuestas, y será más que lógico que tengas que hacer tus propias investigaciones y tus propias búsquedas, pero es así también como irás creciendo dentro de tu sendero personal.

Cada practica tiene una explicación teórica y un tiempo estimado para ser realizada, es decir que organicé la parte practica del libro como un programa de entrenamiento, una vez más, esto es algo flexible, y si necesitas más tiempo en un ejercicio, o lo quieres repetir, adelante. La idea es que cada uno pueda avanzar a su propio ritmo, ya que como siempre digo, el viaje es único y personal para cada uno de nosotros.

Cada ritual fue testeado, no una sino muchas veces, no solo por mí, sino por otros tantos magos, por lo tanto sé que cada ejercicio funciona correctamente. Algunos rituales los aprendí años atrás, mientas que trabajaba con el *"Kręgu Rytualnym XUL,"* esté grupo ya no existe, sin embargo aquellas prácticas que me han sido útiles y que aún sigo usando en mis rituales diarios, las reproduzco, con algunas modificaciones en la parte práctica, como una forma de honrar a quienes me ayudaron a crecer en mis inicios en la magia draconiana.

Finalmente, y no me canso de repetirlo, aborda los rituales con la mente abierta, permite que las cosas fluyan, no hagas esto con ideas preconcebidas, aquí no hay verdades absolutas, ni dogmas, este es un sendero dinámico, compuesto por diferentes visiones, basadas en la inspiración recibida por el Otro Lado. Siempre hay más por aprender, por descubrir, por hacer. Este sendero es un maravilloso viaje por el re-descubrir nuestro potencial divino. Pero esto es algo que solo podemos encontrar en la oscuridad, espacio al que podremos acceder solos, guiados por los Dioses y Demonios del Sendero Siniestro, los verdaderos maestros, mentores y aliados.

Abre tu mente y buen viaje...

Kundalini

 i bien el despertar de Kundalini es algo que pertenece al Tantra del Oriente, no hay que desestimar el valor que se le puede dar desde Occidente. Claro que no aplicaremos las mismas técnicas que se usan en el Tantra, ya que esto supone un sistema iniciático en sí mismo, y es necesario recurrir a un Gurú y seguir esta tradición. Pero lo que si haremos, es emplear el concepto, la idea y el poder arquetípico que hay acá, de esto modo podremos hacer uso de esto en beneficio propio como elemento y vinculo de poder personal.

En todas las tradiciones de occidente, se emplean diferentes métodos, rituales, formas para empoderar el cuerpo espiritual, de este modo el aura del mago se fortalece y es mucho más sencillo poder acceder a estados alterados de la conciencia, viajar astralmente a diferentes mundos y reinos y no menos importante, desarrollar nuestro potencial psíquico-espiritual. Por el otro lado, fortalecer nuestro cuerpo espiritual será algo completamente necesario para poder penetrar nuevos niveles de iniciación, como también nos permitirá balancear las energías, esto será algo que debemos de hacer a diario, no es algo que se puede hacer de vez en cuando, sino que debería ser una "rutina" en nuestras vida mágicas. Hay muchas opciones, por ejemplo, realizar una meditación Kundalini cuando despertamos, o cuando nos vamos a dormir. También, es recomendable realizarla antes de cada ritual. Con el paso del tiempo, esto será algo natural y veremos grandes transformaciones y cambios, algunos tendrán que ver en como percibimos la realidad, aumentará nuestro poder de voluntad, podremos desarrollar nuevas habilidades psíquicas, entre varias otras cosas que irán descubriendo con el paso del tiempo.

Lo que esta práctica requiere es de paciencia y constancia, ya que solo de este modo se lograrán verdaderos resultados y avances. Mi sugerencia es que antes de cualquier ritual, realicen esta meditación, ya que como dije antes, fortalece el cuerpo espiritual/energético y les permitirá entrar en un estado alterado de conciencia mucho más rápido, al tiempo que lograrán entrar en conexión con las energías sutiles de un modo mucho más simple. Por el otro lado, muchas de las practicas que tiene el sendero son demandantes, por lo que se requiere estar energéticamente listo para las mismas para no terminar agotados y sin fuerzas. Dependiendo de la escuela que busquemos, vamos a encontrar que hay grandes diferencias en la cantidad de chakras que hay en el cuerpo sutil, sin embargo, dentro de la tradición draconiana trabajos con los siguientes:

El primer chakra se sitúa entre el ano y los genitales, su nombre es *Muladhara* y es aquí en donde descansa la fuerza de Kundalini o la energía vital. Tiene la forma de un loto de cuatro pétalos de color rojo. Este chakra se asocia con la fuerza de la materia, la inercia, el nacimiento del sonido y con el sentido del olfato. También se lo asocia con las necesidades físicas como la de alimentarse, el dormir y con el instinto sexual. Su asociación Cabalística corresponde con *Malkuth/Lilith* en el Árbol de la Vida/El Árbol de las Sombras.

El segundo chakra es *Svadisthana,* se sitúa entre el ombligo y la zona genital. Tiene la forma de un loto de seis pétalos color naranja y su elemento es el agua. Este chakra se asocia con las manos y con el sentido del tacto. También con la sexualidad, la lujuria, los placeres y la creatividad. En el sistema Cabalístico se lo corresponde con *Yesod/ Gamaliel.*

El tercer chakra es *Manipura,* se localiza en el plexo solar. Tiene la forma de un loto amarillo con diez pétalos. Su elemento es el fuego, y se lo asocia al sol, al sentido de ver y algunas veces, a la agresión y a la voluntad. Junto con el siguiente chakra, en la Cábala se lo asocia con *Tipheret/Thagirion.*

El cuarto chakra es *Anahata* y está localizado en el centro del pecho. Tiene la forma de un loto con doce pétalos de color verde. Se lo asocia con el sistema sanguíneo y los sentidos del tacto y del movimiento.

El quinto chakra es *Vishuddha* y está localizado en la garganta/cuello. Tiene la forma de un loto con dieciséis pétalos de color azul. Se lo asocia con la audición y con la piel. En la Cábala se los asocia con el *Abismo-Daath*.

El sexto chakra es *Ajna* y está localizado en el entrecejo. Tiene la forma de un loto de dos pétalos de color violeta. Este chakra no tiene un solo elemento regente, ya que los trasciende. En la Cábala se lo asocia con *Kether/Thaumiel*.

En el centro de la cabeza se encuentra *Sahasrara*, pero no es un chakra realmente sino un "portal" lo que sucede cuando los otros chakras se abren. *Sahasrara* es un loto con miles de pétalos del que destellan luces rojas o blancas. Cuando Kundalini llega a este nivel, el mago experimenta un estado completo de dicha. Más allá de este nivel, se encuentra el chakra negro conocido como *Sunya*, y detrás del *Ajna* Chakra hay tres más que son secretos conocidos como *Lalana*, *Lalata* y *Golata*, que son chakras asociados al poder, a la conexión con planos de existencia trans-plutonicos, y la comunicación con seres del plano estelar.

La meditación Kundalini es algo que se puede realizar en cualquier momento del día/noche, tanto dentro como fuera, al aire libre, si tiene la oportunidad, les recomiendo que prueben ambas y notarán la diferencia. En un principio, enciende algún incienso que te guste, puede ser sándalo, es muy bueno y ayuda mucho a relajar la mente. Colócate en una posición cómoda, cierra los ojos, respira profundamente, vacía tu mente de cualquier pensamiento externo, y comienza con la siguiente visualización:

Muladhara:

Imagina un loto o una esfera de color rojo intenso que se sitúa en el coxis, entre el ano y los genitales. Comienza a vibrar el manta **RAM**. Siente como la serpiente Kundalini se despierta, y carga de energía esta zona, brilla intensamente y puedes sentir como la energía corre por todo tu cuerpo. Continua vibrando el mantra tanto como lo creas necesario, no te apures, tomate tu tiempo. Cuando te sientas listo continua con el siguiente chakra:

Svadisthana:

Imagina un loto o una esfera de color anaranjado intenso, el mismo se sitúa entre la zona genital y el obligo. Comienza a vibrar el mantra **VAM**. Siente como la energía crece y se expande, desde el chakra anterior y sube a este, la energía recorre todo tu cuerpo. Continua vibrando el mantra tanto como lo creas necesario, no te apures, tomate tu tiempo. Cuando te sientas listo continua con el siguiente chakra:

Manipura:

Imagina un loto o una esfera de color amarrillo intenso, el mismo se sitúa en el plexo solar, algo más abajo del pecho. Comienza a vibrar el mantra **RAM**. Siente como la energía se despierta y se expande, las sensaciones son cada vez más poderosas y te llenan de energía. Continua vibrando el mantra tanto como lo creas necesario, no te apures, tomate tu tiempo. Cuando te sientas listo continua con el siguiente chakra:

Anahata:

Imagina un loto o una esfera de color verde intenso, el mismo se sitúa a la altura del pecho. Comienza a vibrar el mantra: **YAM**. Siente como la energía te envuelve y empodera tu cuerpo energético, es una sensación de poder y calma al mismo tiempo. Continua vibrando el mantra tanto como lo creas necesario, no te apures, tomate tu tiempo. Cuando te sientas listo continua con el siguiente chakra:

Vishuddha:

Imagina un loto o esfera de color azul eléctrico, el mismo se sitúa en la garganta/cuello. Comienza a vibrar el mantra: **HAM**. Siente como la energía crece dentro tuyo, generando una sensación de poder y expansión. Continua vibrando el mantra tanto como lo creas necesario, no te apures, tomate tu tiempo. Cuando te sientas listo continua con el siguiente chakra:

Ajna:

Imagina un loto o esfera de color lila/violeta, el mismo se sitúa en tu entrecejo. Comienza a vibrar el mantra: **AUM/OM**. Siente como tu tercer ojo se abre y te permite ver más allá de este plano de realidad.

Continua vibrando el mantra tanto como lo creas necesario, no te apures, tomate tu tiempo. Cuando te sientas listo continua con el siguiente chakra:

Sahasrara:

Si bien hemos dicho que no es un chakra en sí mismo si no más bien un portal, es necesario hace que la energía se eleve a dicho centro. Visualiza como la serpiente despliega sus alas, transformándose en un poderoso dragón, que despierta cada uno de tus chakras y fortalece tu aura/cuerpo espiritual.

Lalana, Lalata, Golata, Sunya:

Imagina tres esferas detrás de tu nuca, las tres están entrelazadas, sientes una sensación de poder que te envuelve. Observa como la Serpiente/ Dragón, asciende por arriba de Sahasrara, y un pequeño vórtice de color negro impenetrable se abre, el mismo gira en sentido contrario de las agujas del reloj. Comienza a vibrar el mantra: **VOVIN**. Fluye con la experiencia y permite que las visiones y/o sensaciones aparezcan de un modo natural y espontaneo. Tomate tu tiempo y repite el mantra tanto como te sea necesario.

Cuando te sientas listo para finalizar con la práctica, solo respira profundamente y comienza a abrir tus ojos. Tomate tu tiempo, no lo hagas de modo brusco. Si está practica se realiza correctamente, muchos serán los resultados que podrás obtener con la misma, desde el despertar de tus habilidades psíquicas dormidas hasta entrar en estados profundos de trance que te permitirán sintonizar tu mente con las energías del Otro Lado.

Hay infinidad de formas y maneras de trabajar con las energías Kundalini, esta es solo una. La idea es ilustrar un ejercicio simple pero efectivo. No olvides anotar tus experiencias en tu diario mágico personal, esto te permitirá ir viendo la evolución y el avance que vayas teniendo.

La Ceremonia del Dragón

 a siguiente ceremonia tiene una gran cantidad de usos, y una persona creativa, con el paso del tiempo, le podrá encontrar nuevas. La ceremonia del dragón se emplea como un ritual de apertura hacia la Corriente Draconiana, es empleada para empoderarnos, para fortalecer nuestro cuerpo espiritual, como también crea un ambiente adecuado para nuestra practicas. Habitualmente, nuestras ceremonias comienzan con una meditación Kundalini, seguida de esta ceremonia.

Al igual que en la meditación Kundalini, está ceremonia debería ser parte de tu rutina mágica, y es algo que deberás agregar a tu entrenamiento. Lo recomendado es, primero tener una buena base con la meditación Kundalini, y cuando creamos que estamos listos, agregamos también la ceremonia del dragón. Esto debería ser un proceso natural e intuitivo, no hay un tiempo para hacerlo, y como nadie te corre, pues lo ideal es que lo hagas a tu ritmo. Una vez más, es fundamental que luego de cada meditación y/o ceremonia, dejes un registro escrito en tu diario mágico, esto te permitirá ver tus avances y progresos.

Para la ceremonia del dragón, deberás tener algunas velas de color rojo, una, tres, siete, y algún incienso que sea de tu agrado, por obvias razones, la Sangre de Dragón es una buen opción pero hay muchas otras, una vez más, emplea la fragancia que más te guste.

La ceremonia puede ser llevada a cabo durante la tarde/noche, tanto en el interior de tu espacio ritual/habitación o afuera, al aire libre, en la naturaleza, si tenes la posibilidad, proba ambas, ya que los resultados son diferentes y cada experiencia es muy interesante en sí misma. Colócate en una posición cómoda, sentado o parado, conduce la ceremonia de cara al Oeste. Realiza tu meditación Kundalini, al finalizar, enciende la vela y el incienso, sino tienes tu daga ritual aún, alza tus manos y comienza a recitar:

¡In Nomine Draconis!
¡In Nomine Nox!

¡Tiamat - Leviatán - Lotan - Tannin -Yam - Nahar - Rahab - Behemoth - Tehom - Hubur - Theli!

Antigua Serpiente quien sostiene al universo enrollado en su abrazo,
El útero del universo, quien le dios vida a cada una de las cosas,
Fuente Primigenia de toda Creación y el Fuego Apocalíptico de la Destrucción.

Yo (nombre mágico) llamo al Dragón del Vació,
Emerge desde los Abismos de la Noche y entra en este Templo de Carne.

Dótame con tu Visión para que pueda ver claro,
Lléname con tu Veneno para destruir los obstáculos en mi camino,
Envuélveme con tu Fuego, el que será la flama que iluminará mis pasos por la Senda de la Noche.

Llanéame con tu poder y se uno conmigo:

¡Leviatán - Tiamat - Tifón - Lotan - Yamm - Rahab - Nahar - Tanin - Vovin!

¡Qué Así Sea!

¡Ho Ophis Ho Archaios!
¡Ho Drakon Ho Megas!

Tras recitar el llamado, cierra tus ojos, relaja tu cuerpo y comienza a sentir como el fuego del dragón te envuelve, el mismo es un fuego purificador, y a su vez un escudo mágico. Tomate tu tiempo para absorber el poder que has despertado. Tras unos momentos, comienza a visualizar como de tu espalda emergen dos alas de reptil, tu piel se va transformando, ahora tienes escamas, tus manos ahora son poderosas garras, tu lengua es bífida, y tienes el poder del veneno y el fuego dentro tuyo. Hay una grieta en la realidad, un vórtice, por el que puedes cruzar, el que te lleva más allá de este universo. Ahora vos sos el dragón. Explora los nuevos espacios, explora tus poderes, fluye con la experiencia, deja que sea natural.

Cuando sientas que quieras finalizar con la ceremonia, lentamente retorna a tu conciencia normal, abre los ojos, respira profundo, da las gracias por el ritual realizado y a las fuerzas que te han asistido, apaga las velas y da por terminada la ceremonia.

Las Herramientas Mágicas

Las herramientas mágicas son una extensión de la voluntad del mago, y forman parte de nuestro menester mágico. Si bien el sendero no es ceremonial en sí, nuestras armas mágicas nos servirán y las emplearemos en cada uno de los rituales que hagamos. Este es un paso importante, por lo tanto, tomate tu tiempo para adquirir cada uno de los elementos y consagrarlos, si bien no es necesario que tengas todo junto, es decir que podrás ir adhiriendo nuevas herramientas a tu altar personal.

Nuestros espacio ritual/templo personal, puede ser una habitación solo dedicada a esto, pero no todo el mundo tiene la posibilidad de disponer de un cuarto solo para la magia. Por lo tanto, podes tener un altar desmontable, es decir que lo armes y desarmes en tus rituales. Aquí no hay dogmas ni modos correctos o incorrectos de armar tu altar, el mismo es algo personal, por lo tanto debe reflejar tu estilo, es tu conexión con el Otro Lado, así que sentite libre de armarlo a tu gusto.

En este capítulo veremos cuáles son las herramientas mágicas básicas, y un ritual de consagración de las mismas, luego puedes ir adhiriendo más cosas, a medida que vayas avanzando y las vallas necesitando.

-El Pentaculo: al principio no tiene por qué estar cargado de muchas simbologías, un simple pentaculo invertido hecho en madera es suficiente. Representa el elemento tierra, el mundo físico, también es considerado un escudo de protección, suele estar en el medio del altar.

-El Cáliz: puede ser de metal o de vidrio, puede o no llevar inscripciones mágicas, pero al principio y hasta que definamos cuales serán las misma, con que sea liso es suficiente. Representa el elemento agua, y cuando es llenado con vino va a representar la esencia vital de los dioses a los que estemos llamando, muy útil en rituales de invocación. Su simbolismo es rico y extenso, para muchos es el útero, y su esencia es femenina.

-La Vara: la vara es uno de las herramientas más complejas de armar, porque suele estar cargada de mucho elementos, como runas y símbolos de poder, representa la voluntad de mago y se asocia al fuego. Muchos simplemente no le colocan símbolo alguno a la misma como un acto de voluntad verdadera. Honestamente es poco útil en los trabajos que realicemos dentro de nuestro espacio ritual, pero si será útil para rituales al aire libre. Se suele pensar que amplifica la voluntad y el poder personal de mago y es una herramienta que sirve para ordenar y comandar. Se la suele armar con ramas de árboles especiales, pero esto siempre quedará a consideración de cada persona.

-La Daga: suele ser de mango negro y con doble filo, representa al elemento aire y se emplea en la mayoría de los rituales. Al principio te recomiendo que no le grabes ningún tipo de símbolo en el mango, esto vendrá con el tiempo y ya sabrás cuales son los símbolos que van mejor.

-Velas: las velas son algo que están presentes en todos los rituales, en los rituales draconianos solemos usar colores rojos y negros, y en rituales puntuales podemos usar otros colores, como plateado para la magia astral, dorado en los rituales masculinos/solares, solo negro en rituales relacionados a la necromancia, etc.

-Otros: hay otras herramientas que deberías siempre tener a mano, un incensario para quemar hierbas mágicas, son muy útiles y muy usados. Un espejo negro, el mismo va a ser una ventana al mundo astral y te permite realizar tanto trabajos de adivinación como entrar en contacto con las fuerzas del Otro Lado.

Estatuas y sigilos, otros elementos que suelen estar muy presente en los altares personales, las estatuas representan a los dioses patrones del mago, algunas veces son meras representaciones pero en otros casos pueden servir de vasijas temporales para albergar las energías de alguna entidad puntual. En el caso de los sigilos, son ampliamente usados en la mayoría de los rituales y nos sirven como punto focal para el contacto con tal o cual entidad. Todos estos elementos que menciono acá, son cosas básicas, como he dicho antes, esto puede variar e incluso incrementarse.

Una vez que reunamos todas nuestras herramientas mágicas, serán tiempo de darles la consagración adecuada, con esto estamos estableciendo que estas dejarán de ser simples utensilios de la vida mundana para pasar a ser elementos mágicos. Hay que tener en cuenta que los mismos solo pueden ser usados para la magia y para ninguna otra cosa más, no se prestan, no se dejan a la vista de otros y deben de estar siempre al resguardo.

El siguiente ritual, si bien es simple, te dará una buena idea de qué modo consagrar y limpiar tus herramientas mágicas, como dije, sé creativo, busca tus propias palabras, la idea es que tenga sentido para vos, hazlo con pasión. Si te es posible, realiza el ritual cuando la luna este llena, es cuando tiene más poder y le dará algo especial a tu ceremonia. Consigue un recipiente y llénalo con agua fresca, otro con sal y una vela roja, algunos carbones para quemar un poco de incienso e incienso en polvo. Coloca todas tus herramientas en el suelo, mezcla la sal con el agua y di las siguientes palabras:

"In Nomine Draconis, a través de la tierra y a través del agua, purifico y limpio estas herramientas mágicas, para que me sirvan en mi oficio mágico. Limpio su forma física, limpio su forma astral"

Derrama algo de agua con sal sobre cada una de tus herramientas, al tiempo que visualizas como se cargan de energía. Enciende la vela roja, pasa cada una de tus herramientas por la llama de la vela (sin quemar nada) y di las siguientes palabras:

In Nomine Draconis, a través del fuego, purifico y limpio estas herramientas mágicas, para que me sirvan en mi oficio mágico. Limpio su forma física, limpio su forma astral"

Una vez más, visualiza como las herramientas se cargan de energía. Cuando estés listo, enciende los carbones y derrama el incienso sobre ellos, pasa cada una de tus herramientas por el humo y di las siguientes palabras:

"In Nomine Draconis, a través de estos humos, purifico y limpio estas herramientas mágicas, para que me sirvan en mi oficio mágico. Limpio su forma física, limpio su forma astral"

Visualiza como tus herramientas se cargan de energía. Finaliza la ceremonia dejando encendida la vela roja hasta que se consuma por completo. Puedes cerrar la ceremonia con algunas palabras que reafirmen tu intención para este ritual:

"Que estas herramientas se carguen con el Poder del Dragón, Fuente Primigenia de Toda Creación. Que mi voluntad se manifieste a través de todos los mundos y de todas las dimensiones. In Nomine Draconis, Ho Ophis Ho Archaios Ho Drakon Ho Megas"

Luego de esto, tus herramientas mágicas ya estarán listas para ser usadas correctamente, de vez en cuando puedes repetir este proceso a modo de limpieza, de hecho es algo recomendado ya que con el tiempo se van cargando de energías y algunas veces es necesario renovar las mismas. Tanto el mago, como el espacio ritual y sus herramientas debe de estar limpio para una mejor desarrollo.

La Apertura del Templo

entro de la tradición draconiana, la apertura del templo es una ceremonia en la que uno convoca a ciertas fuerzas para que nos acompañen en la ceremonia, sean testigos de nuestra magia, nos empoderen y podamos conectar mejor con el Otro Lado. Esta ceremonia, no es siempre necesaria realizarla, creo que hay que usar la intuición de cuando es o no necesario. En mi caso, en rituales de iniciación, evocación, invocación, posesión, es importante realizar a la apertura, pero en otro casos, en ceremonias menores, tales como hechizos simples, sigilos, meditaciones, sesiones de adivinación, scrying, proyección astral, pathworking, no es del todo necesario. Sin embargo, está es mi experiencia, y vos deberías realizar la tuya.

El siguiente ritual, deriva de mis practicas con el *Kręgu Rytualnym XUL*. Comienza tu apertura realizando tu meditación Kundalini, luego la Ceremonia del Dragón, finalmente y cuando te sientas listo, comienza con la apertura de tu templo:

De cara al altar, alza tu daga y di:

In Nomine Draconis!
¡In Nomine Nox!
¡Que el ritual comience!

Yo (nombre mágico), enciendo el Fuego del Dragón,
Y proclamo mi voluntad aquí en la Tierra como en el Vació Infinito.

Que Lilith abra los Portales de la Noche Eterna,
Que Samael encienda en mi la Flama Negra,
Que Tanin'iver una lo que está Arriba con lo que está Abajo,
Que los Dioses del Vació Primordial me guíen por la Senda de la Noche.

¡Ho Ophis Ho Archaios!
¡Ho Drakon Ho Megas!

De cara al Oeste:

¡Abro el Portal del Crepúsculo en el Oeste en el nombre de Leviatán quien rige en el Gran Océano del Mundo!

¡Leviatán, Tanin'iver, Liftoach Kliffoth!

De cara al Sur:

¡Abro el Portal del Fuego en el Sur en el nombre de Sorath, cuya esencia brilla como el Sol Negro!

¡Sorath, Ipakol, Liftoach Kliffoth!

De cara al Este:

¡Abro el Portal del Amanecer en el Este, en el nombre de Lucifer, cuya Luz porta la Gnosis y nos libera del Cautiverio de la Ignorancia!

¡Lucifer, Asturel, Liftoach Kliffoth!

De cara al Norte:

¡Abro el Portal de la Medianoche en el Norte, en el nombre de Belial, Eterno Adversario, Espíritu de la Oposición!

¡Belial, Badad, Liftoach Klifoth!

De cara al altar y apuntando hacia Arriba:

¡Abro el Portal del Cielo, en el nombre de Lilith, Reina Oscura que llega en las Alas de la Noche!

¡Ama Lilith, Liftoach Kliffoth!

De cara al altar y apuntando hacia Abajo:

¡Abro el Portal del Inframundo, en el nombre de Hécate, Señora de las Encrucijadas, quien tiene las Llaves del Reino del Infierno!

¡Hécate, Gonogin, Liftoach Kliffoth!

De cara y apuntando al Altar:

¡Abro los Reinos Astrales de Luz y Oscuridad, en el nombre de la Antigua Serpiente, la que descansa en los abismos de mi alma. Deja que el Dragón Primigenio me llene con su poder y me revele el elixir de la inmortalidad, la chipa divina, la que permanece oculta en mi mismo!

¡Tehom, Reginon, Liftoach Kliffoth!

¡En el nombre del Dragón, Fuente Primigenia de Toda Creación y Destrucción, Declaro este Templo Abierto!

¡Ho Ophis Ho Archaios!
¡Ho Drakon Ho Megas!

Luego de recitar la apertura, colócate en una postura cómoda y medita en las energías que has convocado. Luego de este paso, tu espacio ritual estará listo para que puedas continuar con cualquier ceremonia que quieras realizar. Al finalizar con la misma, no te olvides de despedir de modo respetuoso a los Guardianes Draconianos que has convocado, luego, da por finalizado el ritual.

Meditación con Símbolos

 anto la meditación, como el uso en general de símbolos/ sigilos, es un componente esencial dentro de las prácticas mágicas draconianas, y por supuesto, forma una parte fundamental del entrenamiento mágico. Los símbolos mágicos se emplean en una variedad de rituales, que van desde meditaciones, trabajos con sueños, invocaciones, evocaciones, como en rituales de magia menor. El símbolo es frecuentemente usado como punto focal de nuestra atención, permitiendo sintonizarnos con aquellas energías que queremos conectar. El secreto del trabajo con los símbolos, es internalizar su significado, de este modo, servirán como una llave o detonador para que la practica cobre sentido.

En este capítulo expondré una serie de ejercicios con diferentes símbolos/sigilos, y su respectivas explicaciones. Las meditaciones las deberías conducir en una habitación solo iluminado por una o dos velas, puede acompañar la meditación con algún incienso que sea de tu agrado, y previo a la meditación en sí misma, recuerda realizar tu meditación Kundalini y la ceremonia del dragón. Los sigilos los puedes dibujar a mano, o los puedes imprimir, lo que te sea más cómodo. La practica demanda de un trabajo sistemático, y al menos deberías dedicarle una semana completa y sin interrupciones por cada sigilo presentado. Siéntete libre de adaptar las meditaciones a tus necesidades personales.

La Llave de la Noche

La "Llave de la Noche" es un símbolo ampliamente usado dentro de la tradición draconiana, es un símbolo de poder, pero como su nombre lo indica, es la llave que abre los portales al Otro Lado. En su simbología encontramos el tridente, elemento asociado a la autoridad, a Neptuno, y tiene relación tanto con divinidades masculina como Lucifer/Samael, pero también con el Abismo, y los Dioses que moran entre las Dimensiones o Dioses Liminales. El Ojo, es el Ojo del Dragón, es el despertar de la conciencia, la visión interna, la iluminación, y el poder ver más allá de los velos que separan los mundos y las realidades. Es símbolo se puede trazar con la daga sobre el altar e imaginarlo envuelto en flamas rojas y doradas, y abriendo las puertas al Otro Lado.

Para la meditación, coloca el símbolo de modo tal que los puedas ver sin que te moleste. Enciende alguna vela para iluminar tu espacio ritual, y algún incienso que sea de tu agrado. Cierra tus ojos, relaja tu mente y tu cuerpo. Abre tus ojos y enfoca toda tu atención en el símbolo. Despoja tu mente de cualquier idea, deja lo mundano atrás. Observa el sigilo tanto como te sea necesario y hasta que los puedas memorizar. Con tus ojos cerrados, observa la oscuridad que te rodea, imagina una gran puerta antigua, grabada sobre la misma se encuentra el símbolo de la "Llave de la Noche," coloca tu mano izquierda sobre el símbolo, y recita 11 veces el siguiente manta: *"NOX - XUL - LUX -XON."* La puerta se abre y tu cruzas por ella. De aquí en más la experiencia debe de fluir de un modo natural y espontaneo.

Tomate tu tiempo, la meditación debe de durar no menos de 30 minutos y no más de 75. Cuando sientas que es tiempo de finalizar, cruza nuevamente por la puerta y retorna a tu conciencia normal. No olvides escribir todo lo que hayas vivido y sentido. Finaliza el ritual con algunas palabras espontaneas pero que indique que la meditación ha finalizado.

Semana 2
-Meditación con el Sigilo de Tiamat-

Sigilo de Tiamat

En tu segunda semana de trabajo, realiza una meditación con el Sigilo de Tiamat. Ella es la representación más antigua del dragón, es la fuerza femenina, primigenia, indómita, dueña de un poder inigualable. Es la madre de todos los dioses, y de su cuerpo el universo fue creado. El sigilo representa el Útero Oscuro, rodeado de tentáculos negros, lo que demuestra su antigüedad y estado de lo primordial, el espiral representa los ciclos infinitos de creación y destrucción que Tiamat encarna.

Para la meditación, coloca el símbolo de modo tal que los puedas ver sin que te moleste. Enciende alguna vela para iluminar tu espacio ritual, y algún incienso que sea de tu agrado. Cierra tus ojos, relaja tu mente y tu cuerpo. Abre tus ojos y enfoca toda tu atención en el símbolo. Despoja tu mente de cualquier idea, deja lo mundano atrás. Observa el sigilo tanto como te sea necesario y hasta que los puedas memorizar. Con tus ojos cerrados, observa la oscuridad que te rodea, imagina una gran puerta antigua, y grabada sobre la misma se encuentra el símbolo de "Tiamat", coloca tu mano izquierda sobre el símbolo y recita 11 veces el siguiente manta: *"TIAMAT - HUBUR - THELI - VOVIN."* La puerta se abre y tu cruzas por ella. De aquí en más la experiencia debe de fluir de un modo natural y espontaneo.

Tomate tu tiempo, la meditación debe de durar no menos de 30 minutos y no más de 75. Cuando sientas que es tiempo de finalizar, cruza nuevamente por la puerta y retorna a tu conciencia normal. No olvides escribir todo lo que hayas vivido y sentido. Finaliza el ritual con algunas palabras espontaneas pero que indique que la meditación ha finalizado.

Semana 3
-Meditación con el Sigilo de Lilith-

Sigilo de Lilith

La tercer semana está dedicada a la meditación con el sigilo de una de las Dioses/Diablesas más conocidas dentro del Sendero de la Mano Izquierda, y quien un ocupa un lugar primordial dentro de la tradición draconiana. Lilith es una divinidad con una gran cantidad de máscaras y formas en las que se presenta. Es la Reina de la Noche y del Sitra Ahra, guardiana de los misterios lunares, la magia de la sangre y la corriente femenina. Asociada frecuentemente a la alquimia sexual, la magia lunar, astral y onírica. Su sigilo representa la Matriz Oscura, símbolo de lo femenino, de la oscuridad de la noche, y sus misterios. Las lunas son otro elemento que nos habla de la magia y los misterios que se le adjudica, finalmente, el triangulo en el medio, es el símbolo del empoderamiento, del poder que desciende a manifestarse en el hombre.

Para la meditación, coloca el símbolo de modo tal que los puedas ver sin que te moleste. Enciende alguna vela para iluminar tu espacio ritual, y algún incienso que sea de tu agrado. Cierra tus ojos, relaja tu mente y tu cuerpo. Abre tus ojos y enfoca toda tu atención en el símbolo. Despoja tu mente de cualquier idea, deja lo mundano atrás. Observa el sigilo tanto como te sea necesario y hasta que los puedas memorizar. Con tus ojos cerrados, observa la oscuridad que te rodea, imagina una gran puerta antigua, y grabada sobre la misma se encuentra el símbolo de "Lilith", coloca tu mano izquierda sobre el símbolo y recita 11 veces el siguiente manta: *"LILITH - LAYIL - LAYLA - ARDAT-LILI."* La puerta se abre y tu cruzas por ella. De aquí en más la experiencia debe de fluir de un modo natural y espontaneo.

Tomate tu tiempo, la meditación debe de durar no menos de 30 minutos y no más de 75. Cuando sientas que es tiempo de finalizar, cruza nuevamente por la puerta y retorna a tu conciencia normal. No olvides escribir todo lo que hayas vivido y sentido. Finaliza el ritual con algunas palabras espontaneas pero que indique que la meditación ha finalizado.

Sigilo de Samael

Finalmente y para la última semana de trabajo, la meditación estará enfocada en el sigilo de Samael. Otra de las divinidades más conocidas dentro del Sendero Siniestro, con una gran variedad de facetas e interpretaciones. Como con Lilith, él también es portador del conocimiento sobre la alquimia sexual, representa la Corriente Astral Masculina, es el consorte de Lilith, el príncipe de los demonio, el Señor del Sitra Ahra y una de los rostros del Señor de la Noche. En su sigilo vemos la fuerza de las serpientes, símbolo de poder, conocimiento pero también del antinomianismo espiritual, el triangulo hacia arriba, simboliza el falo, la fuerza masculina y solar. Las lunas hablan de su conexión con el plano astral, el ojo en la medio del triangulo se relaciona con la visión interna, el dragón, y el poder ver claro, mientras que el tridente, es un símbolo de poder y autoridad.

Para la meditación, coloca el símbolo de modo tal que los puedas ver sin que te moleste. Enciende alguna vela para iluminar tu espacio ritual, y algún incienso que sea de tu agrado. Cierra tus ojos, relaja tu mente y tu cuerpo. Abre tus ojos y enfoca toda tu atención en el símbolo. Despoja tu mente de cualquier idea, deja lo mundano atrás. Observa el sigilo tanto como te sea necesario y hasta que los puedas memorizar.

Con tus ojos cerrados, observa la oscuridad que te rodea, imagina una gran puerta antigua, y grabada sobre la misma se encuentra el símbolo de "Samael", coloca tu mano izquierda sobre el símbolo y recita 11 veces el siguiente manta: *"SAMAEL - SHEMAL - SAKLAS - CHAVAYOTH."* La puerta se abre y tu cruzas por ella. De aquí en más la experiencia debe de fluir de un modo natural y espontaneo.

Tomate tu tiempo, la meditación debe de durar no menos de 30 minutos y no más de 75. Cuando sientas que es tiempo de finalizar, cruza nuevamente por la puerta y retorna a tu conciencia normal. No olvides escribir todo lo que hayas vivido y sentido. Finaliza el ritual con algunas palabras espontaneas pero que indique que la meditación ha finalizado.

Magia Onírica

a magia onírica, no es ni más ni menos que una forma avanzada de magia astral. Hay un universo de posibilidades de lo que podemos lograr en el mundo de los sueños, no hay límites, allí podemos encontrar respuestas a nuestras dudas, entrar en contacto con entidades, seres que han fallecido, dioses, demonios, y espíritus de todo tipo, como también visitar regiones y espacios más allá de este tiempo y espacio.

Si bien todo esto suena muy prometedor, requiere de un enorme trabajo antes de que podamos lograrlo. El secreto de la magia onírica, radica en tener conciencia de que estamos soñando, y el primero paso para esto, es comenzar por recordar lo que hemos soñado. Para tener éxito en esta forma de magia, el primero paso que vamos a comenzar a dar, y esto es algo que no debemos interrumpir, es llevar un diario de los sueños, esto será un anotador que debemos tener a lado de nuestra cama, junto con un lápiz. Lo primero que haremos ni bien despertamos es anotar todo lo que recordemos, si no recordamos nada, también lo anotamos. Lo bueno de esto, es que uno comienza a tener resultados muy rápidos, pero sin constancia, así como rápido viene, rápido se va.

En la magia onírica usaremos todo tipo de cosas, sigilos, palabras de poder, invocaciones, evocaciones, visualizaciones, etc. Pero por sobre todo, es la voluntad de querer progresar lo que nos dará auténticos resultados. Debido a esto, podemos afirmar que es una de las cosas más complejas dentro de la magia, y no debido a lo complejo de la técnica, sino a que demanda mucho esfuerzo diario para tener buenos resultados, pero si los conseguimos, la experiencia es realmente mágica.

En este capítulo, veremos algunos rituales y ejercicios que te servirán de punto de partida, y que con las mismas técnicas, las podrás aplicar luego en tus rituales personales y adaptar las mismas para conseguir lo que quieras hacer.

Semana 1
-Meditación con Klepoth-

Sigilo de Klepoth

Klepoth es un espíritu que aparece listado dentro del conocido grimorio *"Grimorium Verum."* El libro no proporciona mayor detalles del espíritu más que su nombre y su sigilo, aunque si nos cuenta que otorga el poder de la visión. Desde un lugar practico, Klepoth es un espíritu que nos puede enseñar el arte de la visión astral y el dominio de la esfera del sueño. Es un espíritu amable y paciente, y siempre dispuesto a ayudar a quienes lo convocan. En las visiones suele aparecer como un hombre alto, con un rostro similar a un bufón con rasgos demoniacos. Suele vestir con túnicas de color verdes y dorados. Su voz suele ser gutural, pero pausada, y da respuestas claras y profundas.

Para la siguiente practica dibuja el siglo de Klepoth en colores plateados, y en un papel negro. Además, deberás contar con dos velas, pueden ser rojas o negras, y algún incienso que sea de tu agrado. La practica la deberás realizar un tiempo antes de ir a dormir. Enciende las velas y el incienso, realiza tu meditación Kundalini, y la Ceremonia del Dragón. Cierra tus ojos, relaja tu mente y cuerpo y luego comienza a observar el sigilo, di el nombre *"Klepoth"* a modo de mantra y hasta que sientas que has establecido una conexión con el espíritu. Solicita mentalmente o de viva voz al espíritu que te guíe en el mundo de los sueños. El siguiente paso, será colocar el sigilo del espíritu debajo de tu almohada. Acuéstate, cierra tus ojos, y visualiza a Klepoth alado de tu cama. Pídele que te guie en el mundo de los sueños.

101

De aquí en más permite que las visiones fluyan de un modo natural y espontaneo hasta quedarte dormido. Recuerda que una vez que te despiertes, anotar todo lo que hayas soñado. Si te llegarás a despertar a mitad de la noche, comienza nuevamente con la visualización hasta quedarte dormido.

Semana 2
-La Construcción del Templo Astral-

Un templo astral es un espacio creado por tu imaginación y voluntad mágica. El mismo es un espacio personal, que solo debería ser conocido por vos, a menos que construyas un espacio colectivo con otras personas, pero este no será el caso de esta parte del ejercicio, por lo tanto es fundamental que mantengas este espacio astral para vos solo.

Aquí expondré un ritual de construcción, y el mismo debería servirte como ejemplo ilustrativo, pero debes de personalizarlo y adaptarlo a tu imaginación. Una vez más, necesitaras una o dos velas para iluminar tu espacio ritual, y algún incienso que sea de tu agrado. Realiza tu meditación Kundalini y la Ceremonia del Dragón, luego de esto comienza con el ejercicio:

-Día 1-

Cierra tus ojos y comienza a visualizar un prado con un enorme río, es de noche y la luna llena ilumina el lugar, los rayos de luz de la luna tiñen de color plateado el agua. Entra en ella, sumérgete, y nada por unos momentos. Ahora te encuentras dentro de las aguas astrales. Visualiza la entrada de una caverna de piedra, notas una entrada cubiertas por algas. Medita un tiempo en esto, al menos durante un periodo de 15 minutos mínimo. Luego retorna a tu conciencia normal y da por finalizado el rito.

-Día 2-

Realizamos los mismos pasos que en el día anterior, estamos debajo del agua, corremos las algas y entramos en la caverna, la misma brilla en color rojo, la caverna parece viva, late, y pulsa. Das unos pasos y notas una antigua puerta, la misma tiene un símbolo grabado, este es tu símbolo personal, así que deberás tener la forma que vos quieras.

Colocar tu mano izquierda sobre él y di *"Ho Drakon Ho Megas"* la puerta se abre y solo puedes ver oscuridad. Medita un tiempo en esto, al menos durante un periodo de 15 minutos mínimo. Luego retorna a tu conciencia normal y da por finalizado el rito.

-Día 3-

Realizamos los mismo pasos que el día anterior, una vez que abrimos la puerta, entramos por ella, ahora estamos dentro de una gran sala, las paredes y los pisos son de un color negro, es una piedra pulida parecida al ónix. El lugar goza de una oscuridad magistral. Medita un tiempo en esto, al menos durante un periodo de 15 minutos mínimo. Luego retorna a tu conciencia normal y da por finalizado el rito.

Día 4-

Realizamos los mismos pasos que el día anterior, dentro de la cámara ritual, notamos que hay antorchas que iluminan la oscuridad de lugar. Medita un tiempo en esto, al menos durante un periodo de 15 minutos mínimo. Luego retorna a tu conciencia normal y da por finalizado el rito.

-Día 5-

Realizamos los mismo pasos que en el día anterior, dentro de la cámara ritual, las antorchas iluminan el lugar y sobre el suelo, brilla una imponente estrella de 11 puntas, la misma es de color dorada. Medita un tiempo en esto, al menos durante un periodo de 15 minutos mínimo. Luego retorna a tu conciencia normal y da por finalizado el rito.

-Día 6-

Realizamos los mismo pasos que el día anterior, en nuestra cámara ritual, ahora hay un altar de piedra en el medio de la estrella en el suelo. Sobre el altar hay una estatua de un dragón que parece viva, un espejo negro, una daga, una vara, un pentaculo, un cuento con fuego y todos los elementos rituales que consideremos que allí deben de estar. Medita un tiempo en esto, al menos durante un periodo de 15 minutos mínimo. Luego retorna a tu conciencia normal y da por finalizado el rito.

-Día 7-

Realizamos los mismos pasos que en el día anterior, frente a nuestro altar y templo astral, realizamos la ceremonia del dragón. Visualizamos como nos cargamos de poder, y dotamos de poder al lugar. Medita un tiempo en esto, al menos durante un periodo de 15 minutos mínimo. Luego retorna a tu conciencia normal y da por finalizado el rito.

No te olvides que luego de toda la práctica, anotar todos los detalles de la experiencia que has vivido.

Semana 3
-Evocando a Klepoth en el templo astral-

Para la siguiente practica, deberás tener claro cuál va a ser el objetivo por el cual vas a convocar al espíritu, en este caso, debería tener la intención de aprender la magia astral, el sueño lucido y la visión interna. Con el paso del tiempo, irás descubriendo nuevas formas de interacción con estas fuerzas, pero en esta parte del ejercicios, te recomiendo que este sea tu foco.

Realiza el ritual momentos antes de irte a dormir, comienza por encender una vela, y quemar algún incienso, realiza la meditación Kundalini y la Ceremonia del Dragón. Luego relaja tu mente y tu cuerpo, y en una posición cómoda, enfoca tu atención en el sigilo de Klepoth, puedes usar su nombre a modo de mantra. Cuando sientas la conexión, expresa mentalmente o de viva voz tu intención. Luego, coloca el sigilo debajo de tu almohada, disponte a dormir. Con los ojos cerrados, visualiza tu templo astral, una vez dentro del mismo, visualiza como brilla en colores plateados y rojos el sigilo de Klepoth. En este punto, solicita al espíritu que haga presente de forma visible, explicando la intención de tu ritual, que en este caso debería ser el aprendizaje de la magia astral y la visión interna. De aquí en más, la visión debe de fluir de un modo natural y espontaneo. Fluye con las mismas hasta quedarte dormido. Si te despiertas a mitad de la noche, comienza con la visualización nuevamente. Cuando despiertes, no olvides anotar todo lo soñado en tu diario de los sueños.

Semana 4
-El Ojo del Sueño de Lilith-

El Ojo del Sueño de Lilith

Una de las esferas de poder de Lilith, es la luna, la magia astral, los sueños y las fantasías. Los rituales oníricos con la Diosa, son algo natural y de lo cual puedes aprender mucho. El siguiente ritual combina el uso de un sigilo, con una visualización. Para esta parte del entrenamiento, deberás contar con dos velas rojas, algún incienso dulce, y el sigilo del "Ojo del Sueño de Lilith."

Realiza la ceremonia momentos antes de irte a dormir, enciende las velas y el incienso, has tus ejercicios de Kundalini y la Ceremonia del Dragón, comienza a observar el sigilo. Cuando te sientas listo, di las siguientes palabras:

Lilith, Regina Nocte, Señora de la Luna y de la Magia, solicito vuestra asistencia en el reino de los sueños, ven, acompáñame en este viaje, no permitas que mis sentidos astrales se duerman. Ven a mi encuentro Lilith, y muéstrame los deleites de tus reinos.

¡En el nombre del Dragón!
¡Qué Así Sea!

Tras recitar estas palabras, vete a la cama, coloca el sigilo debajo de tu almohada, cierra tus ojos, y visualiza el "Ojo del Sueño de Lilith", el mismo está grabado en una enorme puerta antigua, es tu puerta personal al mundo de los sueños. Coloca tu mano sobre el sigilo, y di las palabras: *"Ho Drakon Ho Mega."* Las puerta se abre, cruzas por ella. Del otro lado, te encuentras en un hermoso prado, es de noche y la luna llena ilumina el lugar. Escuchas el chistido de un búho, y el mismo se va volando, lo sigues, el te conduce hasta la entrada a una caverna, la misma es de piedra y tiene la forma de una vagina dentada. Entras por ella, el lugar es oscuro y húmedo. Hay olor a sangre en el aire, y por tus pies se arrastran varias serpientes. Caminas hacia adelante, y con cada paso que das, la caverna parece cobrar, vida, late, respira. Sigues adelante, y llegas al centro de la caverna, la que tiene un agujero en el techo, la luna llena ilumina el lugar. Sentada en un trono, se encuentra Lilith, una hermosa mujer de cabellos largo, rojizos, con piel blanca como la leche, ojos de color verde. Acércate a ella, pídele que sea tu maestra en el mundo de los sueños. De aquí en más la visión debe de seguir de un modo natural. Permite que el sueño fluya. Si te despiertas a mitad de la noche, realiza la misma visualización. Recuerda anotar todo lo soñado.

Scrying

El scrying es una práctica que todo aspirante a mago debe de desarrollar, si bien las técnicas empleadas para las mismas no suelen ser algo complejo, si para muchos es complejo de conseguir resultados en los primeros intentos, lo que suele conducir a la frustración y por lo tanto al abandono de la practica. Entonces, vas a necesitar paciencia y voluntad, pero con un trabajo sistemático, los resultados estarán.

La práctica del scrying, pertenece a la visión astral, por medio de objetos brillantes, la persona puede alcanzar un estado alterado de conciencia, que le permite "ver" otras realidades, ver el pasado o el futuro, conocer cosas que están ocultas, tener acceso al plano astral, hablar con las sombras de personas que han fallecido, comunicarse con dioses, demonios, espíritus, etc. De ahí que dominar esta técnica sea tan importante, ya que la emplearemos a lo largo de nuestro sendero durante largos periodos de tiempo.

Para la práctica del scrying, no hay atajos ni formulas que sean mejores que otras, o incluso una en particular que te pueda dar resultados inmediatos, es el trabajo sistemático lo que te permitirá tener el logro deseado. Si bien es cierto que hay gente que tiene un talento natural para esto, no es algo que le suceda a todo el mundo, por eso que será necesario que te armes de voluntad para estos ejercicios. Los ejercicios que expondré acá son un punto de inicio, sin embargo, te recomiendo que busques y leas sobre el tema, ya que hay toda una gama de libros especializados. Lo importante es que abordes la practica con la mente abierta y que luego de un tiempo, puedas encontrar la técnica que te funciona a vos.

Semana 1
-El Espejo Negro-

Para la primer semana de trabajo, deberás contar con un espejo negro, el mismo solo deberá ser usado por vos, y solo para tus prácticas mágicas. Lo ideal sería un espejo de obsidiana, pero en caso de que no te sea posible conseguir uno, podes armar tu propio espejo. Para esto, vas a conseguir un vidrio redondo, con los bordes pulidos, y vas a darle varias capas de pintura negra mate a una de sus caras, la idea es que quede lo suficientemente oscuro y que la luz no lo penetre. El diámetro del espejo queda a elección de cada uno, no hay una medida perfecta, solo tiene que ser lo suficientemente cómodo como para que pueda trabajar sin distracciones.

Una vez adquirido o construido el espejo, lo podes consagrar, y cuando no lo estés usando, cubrirlo con un paño negro. Esto tiene dos sentidos, el primero es que el espejo se va a convertir es una ventana al mundo astral, y así como vos vas a poder ver hacia allá, lo mismo sucede del otro lado. Además de esto, el espejo es un objeto psíquicamente sensible y debe de estar fuera de la vista del profano.

Para este ejercicio, vas a necesitar una habitación a oscuras, dos velas, pueden ser rojas o negra, y algún incienso que sea de tu agrado. Coloca las velas a cada lado del espejo, pero sin que la luz de las mismas reflejen en el . Realiza tu meditación Kundalini y la Ceremonia del Dragón. Finalizado esto dos pasos, colócate en una posición cómoda en donde puedas ver el espejo sin distracciones. Cierra tus ojos, relaja tu mente y tu cuerpo, procurando vaciar la mente de cualquier otro pensamiento. Es importante que no busques una visión en particular, aquí solo te vas a dedicar a observar, no más no menos. Abre los ojos, y comienza a observar el espejo, no te fatigues, cuando tengas que pestañar, hazlo sin problemas, el ejercicio se trata de observar. Permite que la experiencia sea natural y fluida. El ejercicio debe de tomarte no menos de media hora diaria, y no más de una hora y media. La idea es que realices este ejercicio por el plazo de una semana y sin interrupciones, de ser posible siempre a la misma hora. Al finalizar, recuerda anotar todo lo vivido en tu diario mágico.

Semana 2
-El Espejo de Agua-

El agua es un conducto natural tanto para tus habilidades psíquicas, como para el plano astral, así que este será otro instrumento que emplearas muchos en tus practicas. La construcción de un espejo de agua es bastante simple, solo necesitas un bowl negro, y llenarlo con agua limpia. El proceso es el mismo que con el espejo negro, coloca dos velas a cada lado del bowl, sin que el fuego produzca un reflejo en la misma. Realiza tus ejercicios de Kundalini y la Ceremonia del Dragón. Luego realiza el mismo procedimiento que con el espejo negro.

Semana 3
- Humo y Fuego-

Las practicas de scrying con humo o fuego, son particularmente útiles cuando trabajos con cierto tipo de divinidades, sobre todo aquellas asociadas a estos elementos. El scrying con humo o fuego debe ser una práctica muy controlada, por obvias razones, en el caso del humo, porque se emplean grades cantidades de hierbas, y uno debe de saber que no nos producirán alergias o que no sean toxicas, y el caso del fuego, lo mismo, uno debe de contar con las precauciones necesarias para que la práctica no se transforme en un incendio. Lo ideal, es llevar a cabo está practica al aire libre, y en tus primeros estadios, y para esta tercer semana, emplear el fuego. Para esto, será necesario que cuentes con un recipiente resistente al mismo, y puedas encender una pequeña pira. El fuego deberá durar lo suficiente como para que puedas realizar la practica sin distracciones e interrupciones. El procedimiento es el mismo que en los casos anteriores, solo que no necesitaras de velas para este ejercicio. En caso de que no te sea posible realizar la practica con este elemento, puede escoger el espejo negro o el de agua como sustituto, pero no interrumpas tu entrenamiento.

Semana 4
- Espejo y Símbolos-

Para la última semana, emplearemos el uso de un espejo negro o de agua, el que te haya resultado más útil, y un símbolo. Aquí la elección es muy variada, puedes elegir algunos de los sigilos de este libro, pero no te tienes porque limitar esto, o puedes escoger el sello de alguna entidad de algún grimorio, antiguo o moderno.

Usa tu intuición y escoge algo que te vibre de un modo positivo. Además de todos los elementos antes descriptos, comienza el ejercicio observando el sigilo que hayas escogido, tanto tiempo como para memorizar el mismo. En caso de que estés empleando el sigilo de un entidad, también puedes usar el nombre como mantra, susurrando el mismo. Cuando hayas conseguido la imagen mental del símbolo, proyecta el mismo en tu espejo. Esto tiene que ser algo natural no lo fuerces, fluye con la experiencia. Lo que sigue, es seguir observando el espejo, permitiendo que las visiones fluyan de un modo natural.

En la práctica del scrying, las visiones y experiencias, se pueden manifestar de muchos modos diferentes, como símbolos, como colores, o como escenas completas, como si estuviéramos viendo una película. Algunas visiones se producirán en el espejo, y será igual que ver con nuestros ojos, pero en muchos otros casos, la visión será con el ojo de la mente. Esto no lo hace menos valido, por el contrario, hay que comprender que el espejo, solo es un medio que nos permite sintonizar nuestra mente con las energías sutiles, y que no estamos viendo con los ojos físicos, sino con el astral. Finalmente, recuerda que la constancia y la voluntad es la clave para conseguir el éxito deseado.

Evocación

l arte de la evocación, junto con la magia onírica, son dos de las cosas más complicadas de dominar por el aspirante, y esto se debe a que en el caso de los rituales de evocación, se mal entiende los efectos que uno puede obtener, por lo tanto, los resultados suelen estar algo lejos de la imaginación popular.

Lo primero que tenemos que tener en claro que evocar es el arte de llamar a un espíritu, demonio, dios o divinidad fuera de nosotros para que se manifieste en un medio en concreto. Ejemplo de esto, lo podemos encontrar en los grimorios de magia ceremonial, en donde el espíritu se manifiesta "físicamente" en el triangulo de la evocación. Es aquí en donde se produce la confusión, la gente cuando trata de evocar, pretende lograr una materialización del ente convocado, algo símil a lo que puede suceder en una película. Cuando esto no sucede, la gente se suele frustrar y creen que simplemente fracasaron en el ritual. El problema con esto, es que simplemente no va a pasar que un ente se manifieste como una materialización, porque estamos hablando de una fuerza que pertenece al mundo sutil, al plano astral, mental o espiritual, pero no al plano físico. Lo que muchos grimorios no dicen, que el espíritu convocado se manifiesta dentro del triangulo, el que a su vez tiene un espejo negro, un cristal, humo, fuego, agua, etc. es decir, que necesitamos manejar el scrying, porque la entidad convocada se manifestará en el plano físico, pero necesitaremos de nuestras habilidades psíquicas para poder percibir y poder tener una conversación con la entidad.

No todos los rituales de evocación serán iguales, cada entidad convocada tiene su modo de presentarse, y siempre hay que explorar estos rituales con la mente abierta. Es esencial, que el ritual tenga un propósito, que vaya más allá de la simple experimentación. Cuando evocamos, tenemos la posibilidad de preguntar al espíritu sobre diferentes cosas, y las mejores experiencias son aquellas que nos permiten tener un avance en nuestro camino espiritual, o despejar dudas sobre temas mágicos, conocer la naturaleza del espíritu y sus áreas de influencia. Los ritos de evocación no están restringidos a esto, y es posible consultar sobre temas mundanos y personales, solo que, si el tema lo podes resolver por vos mismo, o incluso consultar una baraja de tarot para encontrar la respuesta, será una mejor opción que estar haciendo un ritual de evocación.

Los rituales de evocación suelen ser demandantes energéticamente, ya que al buscar una manifestación externa del espíritu, el mismo necesita valerse de un soporte físico para manifestarse (un cristal, un espejo, agua, humo, etc.) y de un gran caudal de energía. Dentro de la tradición draconiana, empleamos el uso de la sangre, nuestra sangre, y el uso de la energía sexual. Ambos componentes, además de funcionar como ofrenda y/o sacrificio, son una batería psíquica que permite al espíritu tomarla para manifestarse aquí.

La tradición draconiana pertenece a la filosofía del sendero izquierdo, por lo tanto, aquí no empleamos rituales de destierro, ni círculos de protección, ni rezos, ni amenazas. No buscamos una línea que divida el espíritu de nosotros, por lo tanto la experiencia es directa y sin barreras, pero los resultados son más directos y concretos. Por el otro lado, los dioses, espíritus y demonios del sendero, son potenciados aliados, amigos y maestros, por lo tanto merecen nuestro respeto, siempre ten esto presente a la hora de trabajar con estas fuerzas, sin mencionar que son mucho más antiguas que la humanidad, y seguirán existiendo luego de que nosotros no estemos aquí.

El ritual de evocación que presento aquí, es un modelo que te podrá servir a modo ilustrativo y de inspiración para futuras evocaciones. No hay un tiempo definido para este ritual, es decir, que podes ir probando de realizarlo en diferentes momentos e ir entrenando y desarrollando la habilidad de evocar. En esta parte del ejercicio, escogí una evocación a Lucifer en su aspecto del *Portador de la Luz*, es una aspecto "amigable" de Lucifer, y considero que puede ser muy útil en las primeras instancias de la evocación.

El ritual lo podrás realizar cualquier día de la semana, durante la tarde/noche, sin embargo, podes hacer uso de los influjos lunares y ver si esto te sirve para estar más receptivo a las energías del Otro Lado. También, podes buscar hacer el ritual un día lunes, que es el día al que se le adjunta a Lucifer en los antiguos grimorios. Deberás contar con los siguientes elementos, dos velas, rojas y negras son una elección natural, pero puedes escoger otro color también, incienso para quemar durante la ceremonia, una aguja para pincharte el dedo y derramar algo de tu sangre, el sigilo de Lucifer, puedes usar el que aparece aquí abajo, o cualquiera que encuentres en un grimorio clásico, y tu espejo negro.

Sigilo de Lucifer "El Portador de la Luz"

Orienta tu altar de cara al Este, realiza la Apertura de tu Templo, la meditación Kundalini, y la Ceremonia del Dragón. Cuando te sientas listo, traza la Llave de la Noche sobre tu altar, justo arriba de tu espejo. Luego recita las siguientes palabras:

LUCIFER, OUYAR, HAMERON, ALISEON, MANDOUSIN,
PREMY, ORIET, NAYDRUS, ESMONY, EPARINESONT,
ESTIOT, DUMOSSON, DANOCHAR, CASMIEL, HAYRAS,
FABELLERONTHON, SODIRNO, PEATHAM, VEN LUCIFER

¡In Nomine Draconis!
¡In Nomine Nox!
¡Lucifer Illuminatio Mea!

Yo (nombre mágico) te llamo a ti Lucifer, Portador de la Luz y el Conocimiento, Estrella Matutina, Señor del Alba, del Aire y del Cuadrante Este. Iniciador Oscuro y Eterno Adversario, Emperador de las Sombras y el Compañero Oscuro del Hombre, Espíritu Infernal y Dios Astado de las Brujas, Señor de Thaumiel y Príncipe del Averno.

Dios y Demonio, busco tu manifestación en este espejo, para (declarar el propósito del ritual), te solicito que me asistas y me recibas como un amigo y aprendiz, pues soy un buscador de la verdad y el conocimiento. Ven y responde a mis dudas de un modo claro y comprensible.

Con mi sangre, la Sangre del Dragón, (derrama algo de tu sangre sobre el sigilo), abro los portales al Otro Lado, para que te manifiestes Lucifer.

Luego de derramar algo de tu sangre sobre el sigilo, comienza con un acto auto-erótico, enfoca tu energía en Lucifer y en su sigilo, al momento del orgasmo, visualiza como Lucifer se manifiesta en el espejo. Cuando finalices, alza tu daga nuevamente y di:

Lucifer, te doy la bienvenida a mi templo.

Enfoca tu atención en el espejo, y comienza a recitar tus preguntas, una a la vez, recitas la preguntas y esperas las respuestas, la cual puede venir de diferentes modos, como una idea, como una imagen, una visión completa, un símbolo. Con el paso del tiempo, esto se vuelve más y más fluido y es posible tener largas y completas charlas con el espíritu convocado. Luego de obtener tus respuestas, debes de despedir al espíritu:

Gracias Lucifer por tu presencia y por la gnosis que has compartido conmigo.

¡En el nombre del Dragón!
¡ Consummatum Est!

Apaga las velas y da por finalizado el ritual. Es importante anotar todo lo que hayas vivido en la experiencia. Si al principio no tenes resultados tangibles, no te desanimes, el tiempo y la practica te van a ayudar, del Otro Lado siempre hay respuesta, solo es cuestión de aprender a escuchar. Algunas veces, las respuestas vienen momentos después del ritual, y aparecen de diversas formas, como sueños, como frases que dice alguien o inclusive en otros formatos, como un libro que llega a nuestras manos y nos da la solución o respuesta a lo que buscamos. Por eso, siempre aborda los rituales con la mente abierta y escucha la voz de tu intuición.

Invocación

a invocación, es el ritual opuesto al de evocar, ya que la entidad que llamamos, la invitamos a entrar en nuestra conciencia, a que se funda momentáneamente con nosotros. Durante el tiempo que dure el ritual, asumiremos su forma divina, viendo por sus ojos, absorbiendo sus poderes y cualidades, impregnándonos con su energía. Los rituales de invocación pueden ser combinados con otras técnicas que nos permitan bajar mensajes concretos de las divinidades, por ejemplo, es posible invocar a tal o cual divinidad y usar la escritura automática para obtener un mensaje. En rituales grupales, alguien puede oficiar de "médium" y que la divinidad transmite un mensaje, responda a las dudas de los presentes o brinde guía por la boca de esa persona.

Para tener éxito en los rituales de invocación, debemos forjar una relación previa con la entidad, al menos la principio así debería ser, luego y con el paso de los años y la experiencia, es posible que esto se vuelva más espontaneo, pero en un principio, lo ideal es ir trabajando en armar una relación con la fuerza que queremos convocar. Esto es un trabajo paulatino, que no tiene porque ser complejo, de ser posible obtener el sigilo de la entidad, colócalo en tu altar, enciende una vela en su nombre, junto con algún incienso a modo de ofrenda. Meditar en su símbolo, emplear su nombre como mantra, expresar tu deseo de entrar en contacto con la entidad. Haciendo esto, de modo sistemático, irás notando la presencia y la energía de dicha divinidad en tu vida, solo es cuestión de que tengas tu mente abierta y aprendas a observar lo que sucede.

Para esta parte de los ejercicios, los dioses que he escogido para la invocaciones son, **Tanin'iver: La Serpiente Ciega, Behemoth: El Dragón de la Tierra, y Leviatán: El Dragón de las Aguas del Abismo.** Considero que estas tres divinidades son ideales en este punto del entrenamiento mágico, y además, son tres divinidades que manifiestan la esencia y el poder del Dragón y la Serpiente.

Semana 1
-Tanin'iver: La Serpiente Ciega-

Sigilo de Tanin'iver

Tanin'iver, es una divinidad compleja, de la que poco se sabe ya que no hay mucha información sobre la misma, solo vagas referencia en donde aparece como un intermediario entre la unión sexual de Lilith y Samael. Dentro de la corriente draconiano, Tanin'iver es la guardiana de las aguas astrales, es la fuerza ofídica, es el poder de la serpiente cósmica, quien uno los mundos y los planos. Un poco auspicia el rol del "Axis Mundi." La idea de la ceguera, no necesariamente es algo negativo, por el contrario, hace alusión a poder ver en las sombras, en la noche, más allá del velo ilusorio de la realidad material. Tanin'iver puede dotar al mago con el poder de ver, la habilidad del cambio de forma (en serpiente), enseñarle el uso del veneno astral, el que puede tener fines positivos como negativos, puede transportar astralmente al mago en su lomo, y llevarlo más allá de esta realidad,

118

como también es posible aprender la corriente ofídica de esta tradición.

Es posible percibir a Tanin'iver en una variedad de forma, siempre serpentinas, algunas veces como una energía masculina, otras como una femenina, y otras es andrógino. Suele ser una serpiente gigante, que emerge de aguas bañadas por la luna, en colores plateados, sus ojos son blancos lechosos, y suele tener dos cuernos en su cabeza. En otras ocasiones, es una serpiente de dos cabezas, lleva una corona en cada una de ella, y las mismas están envueltas en llamas, de sus bocas gotea veneno, lo que hace que el velo que separa las realidades desaparezca. Visiones de lugares antiguos, seres serpientes, cavernas, aguas negras y plateadas, experiencias en donde volamos, o estamos montados sobre la serpiente, y la unión sexual entre Lilith y Samael como los Reyes del Sitra Ahra, son algo normal cuando estamos trabajando con Tanin'iver.

El siguiente ritual lo podrás realizar en cualquier momento, siendo mejor por la tarde/noche. Necesitaras tu daga ritual, el sigilo de Tanin'iver, dos velas, que pueden ser rojas, negras o plateadas, tu cáliz con agua, algún incienso que sea de tu agrado, y una aguja o elemento cortante para derramar algo de tu sangre sobre el sello. Arma tu altar mirando al Oeste, enciende las velas y el incienso, relaja tu mente y tu cuerpo, realiza tu meditación Kundalini, la Ceremonia del Dragón y la Apertura de tu Templo. Realizado esto, enfoca tu atención en el sigilo y comienza a recitar:

"Tanin'iver, Liftoach Kliffoth, Tanin'iver Liftoach Sitra Ahra"

Siente las energías en tu templo, la Corriente Ofídica que llena tu espacio. Cuando te sientas listo, alza tu daga y comienza a recitar las siguientes palabras:

¡In Nomine Draconis!
¡In Nomine Nox!
¡Ho Ophis Ho Archaios!

Tanin'iver Antigua Serpiente de las Aguas Abismales, Tanin'iver,
Serpiente Ciega quien no necesita ojos para ver.

¡Ven!

Derrama tu venenos y disuelve los velos que separan las realidades.
Guardiana de los misterios, de la noche y la oscuridad sin fin.
Desciende en mi ahora, ven, y entra en este cuerpo que te ofrezco
como tu templo de carne. Llena mi mente con tu gnosis primordial,
muéstrame tu poder y tu gloria. Tanin'iver, une lo que está arriba con
los que está abajo. Permite la unión impía de aquellos que gobiernan
el Sitra Ahra. Llévame en tu lomo por la senda de la oscuridad, allí en
donde el verdadero poder reside.
Guía mis pasos por la senda la noche.
Asciende y emerge en mí, elevando mi espíritu por sobre la ilusión.
Que las Aguas Abismales inunden este templo,
Y que Tanin'iver manifieste su presencia.

¡Ho Drakon Ho Megas!

Tras recitar estas palabras, puede visualizar como tu templo se inunda por las aguas astrales, y es por donde Tanin'iver entra en contacto contigo, o bien, puedes abrir tu mente, y dejar que la experiencia fluya de un modo espontaneo y natural. No fuerces las visiones, deja que las mismas vengan solas. Al final de la experiencia, agradece la presencia de Tanin'iver y da por finalizado el ritual.

Semana 2
-Leviatán: El Dragón de las Aguas Abismales-

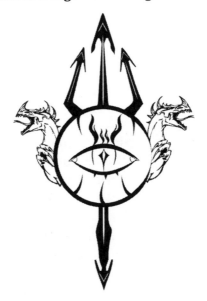

Sigilo de Leviatán

Leviatán quizás sea uno de los monstruos/dragones más conocidos, no solo dentro de la magia, sino que ha aparecido en una gran variedad de medios, cuentos, novelas, ficción, y películas. Leviatán es el Dragón de los Océanos, del Apocalipsis, quien trae caos y destrucción según algunas fuentes religiosas. Leviatán es un manifestación muy poderosa del dragón, es una fuerza estridente, que puede llevar al mago a tener una conciencia mucho mayor de lo que es el sendero draconiano. Leviatán está asociado al agua, puntualmente a las aguas del abismo, también se lo asocia a las fuerzas de la naturaleza, puntualmente a los rayos, tormentas eléctricas, y tsunamis.

Trabajar con Levitan, suele ser una experiencia renovadora, que nos despoja de todo aquello que no necesitamos, destruyendo obstáculos en nuestros caminos, aquellos que no nos permiten avanzar en nuestra espiritualidad. Debido a esto, es importante estar listos para las transformaciones, las que algunas veces se manifiestan de un modo iracundo, caótico y algo extraño en nuestras vidas. Lo que al principio puede parecer algo negativo, rápidamente descubriremos que por el contrario, es algo positivo para nosotros y para nuestros avances.

Leviatán puede despertar en nosotros el poder del sueño y la visión, nos puede permitir navegar por los profundos océanos, primero de nuestro inconsciente personal, para luego entrar en el inconsciente colectivo. Rituales que tienen que ver con el agua, los sueños, la intuición, la magia onírica, astral y estelar, pueden caer bajo el dominio de Leviatán. En cuanto a su manifestación, es amplia y variada, hay quienes lo perciben como una divinidad femenina, otros como masculina y en otros caso es un ser andrógino. Visiones de agua, mares con enormes olas, rayos, y tormentas, son algo cotidiano, a su vez, Leviatán se muestra como una enorme serpiente marina, un dragón marino con muchos ojos, y en otros casos su manifestación es menos clara, en donde solo se ve un enorme ojo, o se escucha una suerte de voz gutural que es la que transmite sus gnosis. Como siempre, mantén tu mente abierta a la experiencia y deja que sea Leviatán quien te guíe en sus misterios y su gnosis.

El siguiente ritual lo podrás realizar en cualquier momento, siendo mejor por la tarde/noche. Necesitaras tu daga ritual, el sigilo de Leviatán, dos velas, que pueden ser rojas, negras o plateadas, tu cáliz con agua, algún incienso que sea de tu agrado, y una aguja o elemento cortante para derramar algo de tu sangre sobre el sello.

Arma tu altar mirando al Oeste, enciende las verlas y el incienso, relaja tu mente y tu cuerpo, realiza tu meditación Kundalini, la Ceremonia del Dragón y la Apertura de tu Templo. Realizado esto, enfoca tu atención en el sigilo y comienza a recitar:

"Leviatán - Tehom - Leviatán Liftoach Kliffoth - Leviatán Liftoach Sitra Ahra"

¡In Nomine Draconis!
¡In Nomine Nox!
¡Ho Ophis Ho Archaios!

Yo te invoco Leviatán, Serpiente de las Aguas Abismales, Dragón del Mar.

Abre los Portales a las profundidades oscuras de mi alma. Despierta de tu sueño, emerge del Abismo, y enséñame el saber olvidado.

"Leviatán - Tehom - Leviatán Liftoach Kliffoth - Leviatán Liftoach Sitra Ahra"

Te invoco, criatura inmortal e infinita, de tus aguas primigenias, todo emergió y todo vuelve hacia allí,

Manifiesta tu poder en mí, muéstrame las fuentes escondidas de la sabiduría antigua.

El tiempo de despertar ha llegado, el mar se abre y da nacimiento a la Gran Bestia, la Serpiente Despierta, el Dragón abre sus alas y su sombra cubre la tierra.

Una vez más, los Antiguos Dioses emergen del Abismo Primordial. Leviatán, despierta en mí ahora.

"Leviatán - Tehom - Leviatán Liftoach Kliffoth - Leviatán Liftoach Sitra Ahra"

¡Ho Ophis Ho Archaios!
¡Ho Drakon Ho Megas!

Tras recitar estas palabras, puede visualizar como tu templo se inunda por las aguas astrales, y es por donde Leviatán entra en contacto contigo, o bien, puedes abrir tu mente, y dejar que la experiencia fluya de un modo espontaneo y natural. No fuerces las visiones, deja que las mismas vengan solas. Al final de la experiencia, agradece la presencia de Leviatán y da por finalizado el ritual.

Semana 3
-Behemoth: El Dragón de la Tierra-

Sigilo de Behemoth

Behemoth es el Dragón Cthonico, el Dragón del Tierra y del Inframundo. Es una fuerza exterior a la que se puede acceder sin mayores complicaciones, se lo puede percibir y sentir si meditamos en su energía al aire libre, en la naturaleza. Es la fuerza primordial y caótica que se manifiesta con temblores, terremotos y fenómenos naturales que ocurren en la tierra.

Trabajar con Behemoth nos permitirá entrar en contacto con los aspectos primordiales del universo en donde nos encontramos, comprendiendo de un mejor modo el ciclo de la vida y la muerte, nos permitirá abrir nuestra percepción al mundo espiritual, en especial a los seres que habitan en el inframundo.

Si bien esto suena interesante, las energías del inframundo suelen ser algo invasivas del espacio personal, y es común tener una manifestación constante de esto a nuestro alrededor, aunque no estemos realizando ningún ritual. Behemoth suele traer riquezas, estabilidad y abundancia a la vida de los magos, es algo que suele venir sin que lo estemos buscando, es común que aparezcan nuevas oportunidades, en donde la abundancia viene a nuestras vidas. Sin embargo, no hay que perdernos en esto, y olvidar nuestros objetivos espirituales, aquí la clave es el balance entre lo material y lo espiritual.

En las visiones, Behemoth aparece como un enorme Dragón de aspectos fantasmagórico, en cavernas bajo tierra, iluminadas por tenues luces que emanan de un extraño fuego. En otras visiones, Behemoth es un Dragón de piedra, por el cual accedemos a otras realidades, es una puerta al inframundo, a nuestro inframundo personal. Behemoth se muestra también como un guía, que responde a nuestras dudas con acertijos que debemos descifrar para comprender su mensaje.

El siguiente ritual lo podrás realizar en cualquier momento, siendo mejor por la tarde/noche. Necesitaras tu daga ritual, el sigilo de Behemoth, dos velas, que pueden negras, tu cáliz con agua, y un plato con sal, algún incienso que sea de tu agrado, y una aguja o elemento cortante para derramar algo de tu sangre sobre el sello. Arma tu altar mirando al Norte, enciende las verlas y el incienso, relaja tu mente y tu cuerpo, realiza tu meditación Kundalini, la Ceremonia del Dragón y la Apertura de tu Templo. Realizado esto, enfoca tu atención en el sigilo y comienza a recitar:

"Behemoth - Sheol - Behemoth Liftoach Kliffoth - Behemoth Liftoach Sitra Ahra"

¡In Nomine Draconis!
¡In Nomine Nox!

Behemoth, Dragón del Tierra, guardián de los secretos del Sheol, ven y hazte presente en este rito.

Yo (nombre mágico) te invoco y te invito a entrar en este templo de carne.

Yo (nombre mágico) te invoco y te invito a entrar en este templo de carne.

Llena mi mente y mi alma con tu gnosis, la gnosis del Dragón Cthonico, dótame con tus podres, abre tus fauces y déjame entrar al Otro Lado.

Devórame y permíteme recoger los tesoros que escondes en tus entrañas.

Behemoth, hazme digno de tu gloria, lléname de poder, riquezas y abundancia.

Que la tierra y sus placeres me llenes por completo, ya que yo soy aquel que transita el Sendero de las Sombras, y soy un Hijo de la Noche Primigenia. Envuélveme con tus flamas,

el fuego que destruirá todos los obstáculos que se atraviesen en mi camino,

aquellos que no me permiten avanzar en el camino de la Auto-Deificación.

Que la tierra y sus placeres vengan a mí, que la opulencia y tu poder lleguen por medio de este rito.

"Behemoth - Sheol - Behemoth Liftoach Kliffoth - Behemoth Liftoach Sitra Ahra"

¡In Nomine Draconis!
¡Ho Ophis Ho Archaios!
¡Ho Drakon Ho Megas!

Tras recitar estas palabras, puede visualizar como tu templo se inunda de oscuridad de las energías Cthonicas, por donde Behemoth entra en contacto contigo, o bien, puedes abrir tu mente, y dejar que la experiencia fluya de un modo espontaneo y natural. No fuerces las visiones, deja que las mismas vengan solas. Al final de la experiencia, agradece la presencia de Behemoth y da por finalizado el ritual.

La Auto-Iniciación en la Corriente Draconiana

l propósito de la iniciación es abrir la conciencia a las energías e impulsos de la Corriente Draconiana, en donde la figura del Dragón y la Serpiente, son los Iniciadores Primigenios que despiertan el potencial espiritual individual. Si has leído con atención este libro, y has completado sus ejercicios, ya sabrás de modo claro que es la "tradición draconiana" y debería ser suficiente para determinar si quieres trabajar con ella o no. A modo de recordatorio, la tradición draconiana, es una vía que usa las energías, el simbolismo, y la mitología de los dragones y las serpientes, como las leyendas y las antiguas creencias en estos seres a modo de inspiración para los rituales. Es un tradición muy amplia, y podemos ver rasgos de las mismas en las antiguas creencias politeístas en donde las serpientes y los dragones estaban presentes. Por esta razón, es posible trabajar con el Sendero Draconiano a través de diferentes tradiciones culturales, tales como el panteón Egipcio, las leyendas Celtas, los mitos Escandinavos entre muchos otros. El Dios Set para los Egipcios, en Babilonia Tiamat, Leviatán para los Hebreos, o la Serpiente bíblica del Jardín del Edén, son solo algunos ejemplos de los Dioses Dragones/Serpientes usados en la tradición mágica draconiana. Lilith, quien tiene un amplio simbolismo, también pertenece a una de estas figuras, y su influencia espiritual en el desarrollo del hombre, ha dado como resultado diferentes interpretaciones de su naturaleza y propiedades. Lilith tiene un influencia natural dentro de la magia draconiana, y es por esto que el ritual de iniciación que presentó aquí, ella está presente.

¿Pero que esperar de la iniciación? Todo el mundo tiene algún tipo de potencial psíquico que puede desarrollar si trabaja de modo activo con el sistema mágico adecuado. Usualmente, todas las escuelas de desarrollo espiritual se enfocan en un sistema, y aconsejan no realizar prácticas superficiales de otras tradiciones, de hacerlo, nunca podrás desarrollar tu potencial completo. ¿Pero cómo saber cuál es el sistema adecuado? Para esto, necesitas usar tu intuición y tu experiencia personal, si trabajas con un sistema, y te es complejo entrar en contacto con las energías convocadas, tenes dudas que no desaparecen luego de un periodo de tiempo, o simplemente no te sientes a gusto con esta tradición, probablemente este sistema no sea para vos. Pero si por el contrario, esto te trae satisfacciones, te resulta fácil abrirte y fluir con las energías que llamas, y cada practica te inspira y tenes ganas de seguir adelante, claramente estás por el camino adecuado. Imagina que una tradición mágica es como un río, que fluye constantemente, sin principio ni fin. Podes ser un mago efectivo, y ser un maestro de lo que se conoce como "magia menor" o el arte de manipular el plano material, y usar tus habilidades solo como una herramienta para darle forma al mundo que te rodea. Para hacer esto, será suficiente desarrollar la habilidad de sentir y dirigir la energía. En este caso, solo serás capaz de tocar la superficie del agua, en este océano cósmico, sin saber siquiera que tan profundo es. Para muchas personas, es suficiente dominar las habilidades mágicas básicas, y no están interesado en el desarrollo espiritual. Sin embargo, para convertirte en un adepto de una tradición mágica, en el sentido real de la palabra, debes de desear algo más, debes querer desarrollar tener conciencia de las dimensiones más altas del universo, experimentar el éxtasis de la comunión con las energías primigenias que crearon la realidad, y fluir con el río cósmico para crear tu propio mundo con el poder de tu mente, esto es lo que se conoce como deificación o despertar el potencial divino interior, este es el propósito principal en el Sendero de la Mano Izquierda. Claramente, esto puede sonar muy abstracto por el momento para un principiante, quien puede preferir resultados tangibles de su trabajo, como obtener un dinero extra mediante un hechizo o manipulando la realidad. Sin embargo, ten en cuenta que quizás un día puedas querer algo más, y para esto, la iniciación mágica te puede permitir tener esta oportunidad.

La mayoría de la ordenes y organizaciones mágicas, tratan a la iniciación como un sistema de grados o jerarquías, que solo sirven como una forma de estatus dentro de la orden. Estas "iniciaciones" no deben de ser confundidas con la transformación espiritual real que produce una iniciación mágica, la que solo tiene forma dentro de la mente del adepto, y que ocurre de un modo espontaneo, de una manera natural, acompañada de un trabajo sistemático dentro de la corriente mágica elegida. Siguiendo esta línea de pensamiento, el proceso será auto-iniciático, y cada iniciación menor y mayor ocurrirá de un modo espontaneo, con las energías de la corriente, dioses y arquetipos. Este proceso es continuo y natural, y no se necesita de ayudas externas, la misma corriente brinda inspiración para el desarrollo del potencial espiritual. El Sendero de la mano izquierda, se enfoca en la individualidad y los aspectos únicos de cada ser humano. No existe un sistema, ni técnicas mágicas o herramientas que funcionen para todo el mundo. El uso de sistemas de iniciación unificadas para todos los adeptos, son una solución artificial que rechaza la individualidad. Los adeptos del sendero de la mano izquierda, somos caminantes solitario, que nos guiamos a nosotros mismos y por nuestras experiencias personales. Este es el sendero de la Serpiente, que en el Jardín del Edén mostró a las primeras personas el camino hacia la salvación, a través de la liberación de la esclavitud que produce la ignorancia, y la sumisión a una fuerza superior. Los arquetipos más conocidos en este proceso son Lilith y Lucifer. Como un discípulo del Sendero de la Serpiente, no puedes esperar que alguien más resuelva los problemas por vos, o te lleve de la mano hacia la iluminación espiritual. Esto sería una completa negociación de la filosofía del Sendero de la Mano Izquierda, el que asume que cada ser humano es un dios en potencia, y tiene todo el potencial y la fuerza para vivir independientemente, dándole forma al mundo con el poder de su mente.

Cuando conscientemente abres tu mente a las energías de la corriente que elegiste, estas fluirán constantemente y le darán forma a tu conciencia y a toda tu vida. Cada iniciación es irreversible, y no puedes frenarla, por lo que la corriente mágica seguirá fluyendo en tu conciencia.

Debes de recordar esto, aceptarlo y disfrutar de tu comunión espiritual con las energías que hayas convocado, sin importar si esto haya traído a tu vida un fase oscura o lumínica. La falta de aceptación de esto, es la razón más común de falla en el sendero mágico. Parte natural de las actividades espirituales es tener periodos en donde sentís fuerza y disfrutas viviendo en armonía, pero también, hay momentos de crisis espirituales, en donde te podes sentir deprimido, sentir miedo, dudas, y en donde todo tu mundo se desmorona. De este modo, cada proceso iniciático es un balance entre luz y oscuridad, el que te permite llegar tu potencial completo. Aunque debes de ser lo suficientemente fuerte psíquicamente para sobrevivir a esto estadios. La conciencia de estos procesos, es extremadamente importante. Si no tenes una crisis mágica mientras estás trabajando con este o cualquier otro sistema, significa que no hay progreso en tu desarrollo espiritual. Decidir tomar tu primera iniciación en la Corriente Draconiana, abrirá tu mente a las energías de una tradición antigua, pero debes de recordar desde el comienzo, que esto es algo irreversible. Si te sentís a gusto con las energías de la corriente y queres profundizar en las mismas, entonces estarás dando el paso correcto.

El siguiente ritual tiene una duración de siete días ininterrumpidos, cada día deberás realizar una parte especifica de un pathworking. Además de este paso, durante el proceso, deberás escribir tu ritual personal, el mismo debe de ser una invocación al Dragón, bien puede ser a una divinidad en particular o algo en general, debe de tener una introducción que exalte de un modo u otro los poderes de la fuerza a la que están convocando, un nudo que debe de contener la intención por la cual lo estás llamando y un desenlace en la que te identificas con dicha fuerza. Esto es algo personal, y debe de venir de tu inspiración, puede ser tan largo o tan corto como vos quieras, lo que importa es que refleje tu intención.

Realiza el ritual durante la tarde/noche, puedes escoger alguna fecha especial para vos o realizarlo en Luna Llena, las opciones son muchas, escucha tu intuición. Coloca tu altar de cara al Oeste, comienza cada día de tus rituales realizando la Apertura de tu Templo, la Meditación Kundalini, y la Ceremonia del Dragón. Luego procede con los pathworkings...

Día 1

Te encuentras sentado en una postura meditativa, estás sobre una roca y en frente de ti hay un paisaje montañoso estéril. Los árboles están viejos, sin hojas y las ramas están dobladas. Todo es gris y oscuro, el viento sopla fuerte entre las rocas. Se forman en el cielo nubes oscuras y tormentosas. La tierra está agrietada y pedregosa. La atmosfera es pesada y puedes sentir que algo te está mirando, pero no hay nadie alrededor. Te encuentras en la cima de una montaña, cerca de la roca hay un río o un arrollo, puedes oír el ruido del agua corriendo. A lo lejos se ve una pequeña entrada de una cueva, la que conduce al interior de la montaña. Te pones de pie y miras alrededor. Siente la atmosfera del lugar. Vas hacia la cueva y miras hacia adentro, la entrada es demasiado pequeña para un hombre, pero puedes mirar hacia adentro. El lugar parece ser la boca de una bestia salvaje, con estalactitas y estalagmitas, formando dientes afilados. Dentro de la cueva puede sentir un olor extraño, posiblemente sangre. Se oye el silbido de una serpiente que viene desde lejos, de algún modo te recuerda a alguna lengua extraña, pero puedes comprender las palabras. Sobre la entrada, en una roca está grabado el símbolo de Lilith. Deja que tu imaginación se active y cree el resto del escenario. Cuando finalices, respira profundamente y vuelve a tu estado de conciencia normal.

Día 2

Comienza visualizando el escenario del día anterior. Una vez más te encuentras en la entrada de la cueva y miras a tu alrededor, claramente puedes oler la humedad que sale del centro de la cueva y puedes ver humos venenosos y densos. A tu alrededor hay un pasaje estéril y sin vida. Te alejas de la cueva y caminas a través de las ramas enmarañadas de los árboles muertos. Allí, debajo o escondido ves una entrada, por el momento no pasa nada. El silencio y el día, poco a poco van llegando a su fin. Después de un tiempo vez que de la cueva, una enorme serpiente sale arrastrándose, es decir, no es un mero animal, sientes sus características demoniacas, tiene ojos penetrantes y sientes un fuerte silbido y ves los humos tóxicos que rodean el lugar. Notas que la serpiente se arrastra, notas que tiene cuatro piernas que tiene escamas y garras afiladas. Vas hacia los acantilados y ves que le crece alas. Consume el agua que hay en una fuente, dejando todo con una niebla verdosa. El tiempo cambia de nuevo y la serpiente se desliza a la cueva.

Día 3

Una vez más vuelves a la montaña, céntrate en la atmosfera y en el espacio a tu alrededor, ajusta tus sentidos astrales para ver el paisaje que te rodea. Cuando estés cómodo, ve que estas sosteniendo una espada entre tus manos, es afilada y pesada. Te das cuenta que hoy te enfrentaras a la bestia, piensa por un momento en esto. Piensa en lo que sientes con respecto al dragón y a los instintos primarios y a la naturaleza salvaje. Tomate tu tiempo meditando en esto. Luego, concéntrate en tu alrededor, miras hacia abajo, por la ladera de la montaña y ves la forma de una serpiente, ves formas de serpiente en los árboles y en las ramas de los árboles, en el viento puedes oír como la serpiente silba, todo a tu alrededor forma el cuerpo de un dragón. Tienes que despertar el poder del dragón en ti mismo. Después de un rato, sientes como la tierra tiembla debajo de ti y la serpiente sale de su cueva, extendiendo a tu alrededor gases venenosos. Ve a su encuentro y levanta la espada, sin dudarlo, entierras la espada en el pecho de la bestia. Escuchas un grito agudo y sientes los humos venenosos que salen del cuerpo caído. Permite que la adrenalina y el poder te invadan. El suelo tiembla bajo tus pies al tiempo que cae un rayo, del cielo caen grandes gotas de lluvia. Siente el éxtasis de la victoria y la unidad con la naturaleza salvaje que te rodea.

Día 4

Comienza la visualización viéndote como regresas a la roca, tomate un momento para percibir la atmosfera, luego camina hacia el cuerpo del dragón que yace en el suelo, es enorme. Observa el cuerpo, cuando llegas a la cabeza, ves un resplandor verde que sale debajo de los parpados cerrados. Se abre un ojo y del mismo sale un rayo de energía de color verde que te deja paralizado, te quedas parado en el lugar sin poder moverte. En este punto puedes oír un dragón que te habla, su voz es como un ruido silbante de serpiente, lo oyes en tu cabeza y te dice: *"Yo soy el que vive en el desierto oscuro del alma"*, *"Yo soy la carne y la sangre del mundo"*, *"Yo soy parte de ti y tú eres parte de mí"*, *"He sido vencido pero aún me encuentro con vida y hablando con vos"*, *"Soy eterno e infinito"*, *"Ten en cuenta lo que para ti es mi poder, ¿puedes hallarlo en ti mismo?."* El dragón ahora te debe de dar un mensaje personal destinado exclusivamente a vos, una palabra, sello, imagen, etc. Cuando termina de hablar, sus ojos se cierran nuevamente y puedes volver a moverte libremente.

Tocas el cuerpo del dragón, es cálido y su fuego interior no ha expirado. Toma tu espada y corta su corazón, bebe la sangre caliente y comes lo que queda. Siente la esencia del dragón, siente como te impregna al tiempo que comes los pedazos del corazón podrido. En tu estomago se crea un fuego que se extiende por todo tu cuerpo, latiendo por tu venas, quemando tu cerebro. Te caes al suelo por el dolor, tu cuerpo comienza a cambiar, tu cuerpo está cubierto por escamas, las piernas y los brazos son de reptil, te comienza crecer alas y te conviertes por completo en un dragón. Tomate tu tiempo para visualizar la transformación completa.

Día 5

Regresa al último punto de tu meditación. Comienza por visualizar las escenas y luego concéntrate en tu forma de dragón, concéntrate en tu cuerpo y en los sentimientos que acompañan la transición. Eres más fuerte y estás más vivo que nunca, estás lleno de poder y la esencia del dragón está en vos. El cuerpo del dragón ahora yace sin vida, es un cascaron vacio. Tú sabes que allí ya no está el alma del dragón, ahora está dentro de ti. Con tu forma de dragón, finalmente puedes entrar en la cueva y ver lo que hay dentro de ella. Te acercas a la entrada, el símbolo grabado en la parte superior brilla y tiene un resplandor de fuego. Miras el símbolo y comienzan a desaparecer tus alas y tus patas, cambias a la forma de una serpiente, por lo que puedes pasar fácilmente por estrecho pasaje. Te arrastras hacía su interior, te encuentras rodeado de vapores y humos tóxicos, pero ya no sientes sus efectos negativos, ahora son parte de ti. La cueva es pequeña y estrecha, se extiende en forma de túnel, con tu forma de serpiente, te mueves por el túnel. En las paredes parpadea una luz roja e intensa. En el techo y en el piso crecen estalactitas y estalagmitas que se asemejan a dientes que correan saliva. No ves lo que hay arriba ni abajo, pero comienzas a nadar en un extático trance, hacía lo profundo de los abismos. El túnel termina abruptamente y delante de ti se extiende una vasta cámara, cuyo fondo es un lago lleno por un líquido espeso de color rojo parecido a la sangre. A tu alrededor se extiende el olor a sangre, hay ojos que brillan en la oscuridad que te están observando. Después de un tiempo, una mujer emerge del líquido, es Lilith. Te extiende una mano y te sonríe. Permite que la visión fluya libremente, deja que la diosa sea quien te guíe y quien te dé la bienvenida al mundo de las tinieblas.

Día 6

Comienza por visualizar la escena en donde terminó la anterior. Te encuentras en una enorme cueva, en las entrañas de la tierra, estas de pie en un lago de sangre. Eres un dragón, concéntrate en esto. La cueva está vacía, no hay más nadie que vos. Recoge la sangre del lago con una copa, te das cuenta que es la misma sangre que la del dragón. La cueva entera late y respira, parece ser un ser vivo, la sangre por tus venas late al mismo ritmo. De repente sientes que el suelo debajo de tus pies se derrite y se derrumba, al mismo tiempo se desvanecen tus alas, vuelves a ser una serpiente. Delante de ti hay otro túnel oscuro, ve hacía el, conduce hacia abajo. Las paredes del túnel son totalmente negras, parece lava negra, como una pasta caliente que comienza a emitir humo. Brilla una luz roja, es como fuego pero mucho más oscuro. Mientras más avanzas, es más oscuro hasta que todo se vuelve un resplandor negro. Después de un tiempo llegas al final del túnel, por un momento todo es negro y vacio. Sientes que comienzas a cambiar de nuevo, una vez más eres un dragón, el resplandor de tu aura ilumina un poco el vacio. Te encuentras en una esfera completamente negra, sus paredes exudan calor y frío, ves el parpadeo de miles de rayos, es como si estuvieras en interior de un diamante negro gigante. Frente a ti y en la oscuridad surgen una enorme sombra, está también tiene la forma de un dragón, igual que la tuya, pero tu cuerpo es la esencia de la vida y del fuego y él es la oscuridad y la decadencia, está rodeado de un aura de muerte. Solo sus ojos brillan con un resplandor sobrenatural, después de un rato sus ojos se entrecruzan con los tuyos. Cuando comienzan verse, comienzas a sentir la sombra, comienza a penetrarte, penetra tu cuerpo y se vuelve uno con vos. Sientes una conexión con algo que te es familiar y cercano, pero no necesariamente es algo agradable, es algo a lo que le temes. Después de un rato el miedo pasa y hay aceptación y entendimiento. Hay una sensación personal e intima. Comienzas a sentir frío y calor y tu cuerpo comienza a transformarse nuevamente, tú cuerpo de dragón comienza a volverse humano.

Comienza visualizando que te encuentras en la esfera negra, en el diamante negro. Siéntate en una postura de meditación, tu cuerpo tiene forma humana, aún fluye en tu interior la esencia del dragón, emanas paz, fuerza y poder. Respira de forma uniforme y constante, el lugar respira al mismo ritmo que vos. Con cada respiración, comienzas a emanar y te comienza a penetrar la energía, al mismo tiempo la esfera comienza a desaparecer lentamente, al mismo tiempo, tu cuerpo comienza a oscurecerse y a brillar, como si la misma habría sido creada con la esencia del diamante negro. Después de un tiempo ves que la esfera ha desaparecido por completo y te encuentras en el centro del vacío cósmico. A lo lejos se puede ver las estrellas y los planetas, tú te encuentras en el centro de la mente infinita y eterna, la fuente de toda la creación. Puedes ampliar tu conciencia y tocar cada lugar del infinito, ya que el mundo entero no es más que una proyección de tu mente y en ella nada ocurre sin tu voluntad.

Una vez más te encuentras en donde todo comenzó, en la parte superior del acantilado, en donde surgió el primer encuentro con el dragón. Ves que el escenario ha cambiado, el dragón ha destruido todos los obstáculos de tu camino, medita en lo que quieras lograr.
Finaliza la ceremonia recitando tu invocación personal, declara tu intención de modo clara de iniciarte en la Corriente Draconiana. Aquí no hay un modo correcto o incorrecto de hacer esto, lo que tiene que reflejar es tu voluntad y deseo. Luego de esto, cierra la ceremonia y da por finalizado el ritual.

Espero que este libro te haya servido y que sea una guía dentro de los Misterios Draconianos.

Que el Fuego del Dragón, Ilumine tus Pasos en su Sendero.
¡HDHM!
Daemon Barzai.

Daemon Barzai

oy un Mago Draconiano y Cultista de los Grandes Antiguos. Traductor Literario especializado en temas Esotérico y Ocultos. Fundador de *Black Tower Publishing, Temple of Layil,* y Artista Grafico. He contribuido en diferentes libros tales como: *Qlipoth Journal, The Way of the Serpent, The Rites of Lucifer, Sabbatica,* entre otros. Autor de *The Nyarlathotep Book, El Árbol de las Sombras, El Legado de San Diablo, Las Diosas Impías del Lado Oscuro, Lilith: sus máscaras, ritos y manifestaciones, In Nomine Draconis: Una Guía Auto-Iniciática a los Misterios Draconianos* y Co-Autor de *Lilith: Goddess of Sitra Ahra* y *Tricksters & Adversaries of the Left Hand Path.*

Contacto: fasenigredo@gmail.com

Editorial: www.blacktowerpublishing.com

Blog sobre Magia Draconiana: www.diariodeunbrujo.com.ar

Portfolio: http://daemon-barzai.artworkfolio.com/

Círculo Ritual Draconiano: www.templeoflayil.com

Bibliografía

Michael Kelly:

Apophis.
Aegishjalmur: The Book of Dragon Runes.
Dragonscales.
Everything and Nothing.
Draconian Consciousness.
Grimoire of the Sevenfold Serpent.

Daemon Barzai:

El Árbol de las Sombras -Vol 1- Lilith: La Mujer de la Noche.
El Árbol de las Sombras -Vol 2- Gamaliel: Lo Obsceno.
Las Diosas Impías del Lado Oscuro.
Lilith: sus Máscaras - Rituales y Manifestaciones.

Joseph H. Peterson:
Grimorium Verum.

Kręgu Rytualnym XUL

Drakońska Inicjacja

Projekt „Lilith"

Made in the USA
Middletown, DE
14 February 2019